Mit.Menschen.Leben

DÄNE-MARK
SCHWEDEN
NORDSEE
OSTSEE
Ostpreußen
Christburg
Dirschau
Hamburg
Pommern
Westpreußen
Weichsel
Ganderkesee
Warthe-land
Berlin
Posen
Warthe
NIEDERLANDE
Ems
Oder
POLEN
Weser
Elbe
Breslau
Rhein
Schlesien
BELGIEN

© 2020 Astrid Fuchs, Dragica Smiljanić
Coverdesign, Gestaltung und Ausführung: Leuchtmann, Bremen,
Illustrationen: Heike Duhr
Lektorat und Korrektorat: Astrid Fuchs und Eva Eilers

Herstellung und Verlag: BoD – Books on Demand, Norderstedt

Bibliografische Information der Deutschen Nationalbibliothek
Die Deutsche Nationalbibliothek verzeichnet diese Publikation in der
Deutschen Nationalbibliografie; detaillierte bibliografische Daten sind im Internet über
http://dnb.d-nb.de abrufbar.

Die Namen der interviewten Personen wurden aus Gründen des Datenschutzes
pseudonymisiert.

ISBN Nr. 9783752668858

Vor**Wort**
für die Publikation Mit.Menschen.Leben

Schon der ungewöhnlich geschriebene Titel dieser lesenswerten Publikation weckt Interesse, macht neugierig. Ein mehrdeutig akzentuierter Titel; und so auch von den beiden Autorinnen Astrid Fuchs und Dragica Smiljanić bewusst gewollt. Die von ihnen gewählte Schreibweise „Mit.Menschen.Leben" lädt zum Interpretieren ein. Ohne die Zwischenpunkte wirkt der Titel wie ein Wegweiser: Mit Menschen leben oder – etwas verändert - wie eine Tatsachenbehauptung: Mitmenschen leben. Beide Variationen wären ebenso zutreffende Überschriften für die eindrucksvolle Zusammenstellung von Lebenseinblicken, die die beiden Autorinnen durch Interviews gesammelt haben und in dieser Veröffentlichung präsentieren. Auch kann man dem Titel einen Aufforderungscharakter entnehmen, der dazu ermuntert, die Publikation zu lesen und sich von den aufgezeichneten Lebensgeschichten gedanklich mitnehmen zu lassen. Astrid Fuchs und Dragica Smiljanić nahmen mit ihren Gesprächen bekannte Menschen von „nebenan" in den Blick und spürten deren besonderen Lebensgeschichten nach. Sie hatten ein „offenes Ohr" für die eindrucksvollen individuellen „Migrations- und Integrationserfahrungen", und die Betroffenen wagten es, sich auf die Interviews einzulassen. Beeindruckend erzählen sie von den besonderen Herausforderungen ihres Lebens und geben ihnen damit sprachlich einen Raum.

Die Gespräche vermitteln, was es für Menschen bedeutet, und wie es sie formt:
• *das Verlassen des Vertrauten und den Aufbruch ins Ungewisse;*
• *die Suche nach einem Sicherheit gebenden Platz;*
• *das Ankommen im Unbekannten, das sich Orientieren und Zurechtfinden;*
• *das Verbleiben in neuer Umgebung, das sich Einrichten und Vertraut-Werden;*
• *das Finden einer Zukunft, das Dazugehören und das sich Heimisch - Fühlen.*

Existentielle Bewältigungen im Zusammenhang von Migration und Integration hinterlassen unterschiedliche Spuren im Leben jedes Einzelnen. Wir erfahren konkret etwas über die Herkunft der Menschen, über ihre Wege nach Deutschland und nach Ganderkesee, sowie über ihre Strategien, dieses Leben zu bewältigen.

Deshalb sind die dokumentierten Texte mehr als die biographische Wiedergabe von Erzählungen. Sie reflektieren und spiegeln individuelle Lebenswege und ordnen diese durch historische Rückblicke in ihre Zeit ein.

Es sollte nachdenklich stimmen und zeigen, wie oft menschliches Dasein ein „Leben auf schwankendem Boden" ist. Gleichzeitig vermitteln die Texte exemplarisch ein Verständnis für Menschen, die in unserer Nähe leben und neu dazugekommen sind.

Und es wird deutlich: ***„Wer Nähe wagt, bekommt Nähe geschenkt".***

Seinen Mitmenschen nahe zu kommen und dabei stets die individuellen Grenzen der Offenheit zu respektieren, setzt Vertrautheit und Vertrauen voraus, um die Interviews auf Augenhöhe zu führen.

Im Kontext der einzelnen Lebensgeschichten wird erkennbar, wie aus ersten Kontakten menschliche Begegnungen entstanden sind, die zu mitfühlenden Beziehungen und tiefen Freundschaften führten, die über Jahre Bestand haben. Die Publikation spiegelt so die Lebenserfahrung der Autorinnen wider: „Wer sich in Offenheit, Zugewandheit und Sympathie sowie einer großen Portion Neugier für andere engagiert, erfährt mehr vom Leben".

Und wer Brücken der Verständigung und des Miteinanders baut, erlebt menschliche Bereicherung und erkennt, dass jeder einzelne Mensch es wert ist, ihm zuzuhören. Zuhören ist eine wertvolle menschliche Qualität. Sie bringt Menschen zum Erzählen. Diese Publikation ist dafür ein gelungenes Beispiel. Die Veröffentlichung benennt die administrativen Herausforderungen, die die interviewten Persönlichkeiten zu bewältigen hatten. Die Autorinnen verschweigen nicht die Ressentiments und Ablehnungen, mit denen „Neu-Dazugekommene" konfrontiert wurden. Insgesamt aber gibt es in Ganderkesee viele aufnahmebereite Menschen, die Gemeinsinn besitzen und sich durch Akzeptanz, Respekt, Offenheit und Engagement auszeichnen. Die Voraussetzungen dafür, dass Menschen sich angenommen und zugehörig empfinden können. Und es sind auch die Grundlagen für eine gemeinsam gestaltete und gelingende Gegenwart und Zukunft.

(*Theo Lampe*)

Ein Wort zuvor
Erfahrungen in der Nachkriegszeit - als Kind

Aufgewachsen bin ich in den 50er und 60er Jahren in Mönchengladbach, einer Stadt am Niederrhein, die nach dem Kriegsende viele schlesische und baltische Flüchtlinge aufgenommen hatte.

Viele Einheimische, dazu zählte auch die Familie meiner Mutter, betrachteten Flüchtlinge und Vertriebene mit einer gewissen Geringschätzung. „Nä, ene Flüchtling!", bemerkte meine Tante, als ich ihr - gerade eingeschult – von meiner neuen Freundin (geflüchtet aus Schlesien) erzählte.

Meine Eltern jedoch reagierten anders. Sie hatten selbst für kurze Zeit das Leben als Schutzsuchende kennengelernt, als sie wegen des Bombenhagels die Stadt verlassen mussten und in den Ostharz evakuiert wurden. Dass die Vermieter die Zwangseingewiesenen nicht willkommen hießen, ist bei der allgemeinen Not 1944 nachzuvollziehen. Jedenfalls erzählte meine Mutter mir wenig Erfreuliches über das Verhältnis zu der Bauernfamilie.

In meinem Elternhaus waren meine schlesischen Grundschulfreundinnen gerne gesehen. Es entstand durch diese Begegnung eine langjährige intensive Freundschaft zwischen meinen Eltern und dem Elternpaar einer Freundin.

So habe ich als Nachkriegskind deutlich die Integration der Flüchtlinge in meiner Umgebung miterlebt. Über die Flucht selbst aber wurde vor uns Kindern nicht gesprochen. Das war – ebenso wie die Zeit des Nationalsozialismus - ein Tabuthema.

Anders als in einem kleinen Ort wie Ganderkesee hatten Flüchtlinge in Mönchengladbach Arbeit. Denn damals boomte die heimische Textilindustrie, in der die neuen Mitbürger Beschäftigung fanden und so am wirtschaftlichen Aufschwung teilnahmen.

Erlebte Geschichte aus Deutschland nach 1945

„Geschichten sind geschichtete Erfahrungen – und werden zur Zeitgeschichte"
(Ordensschwester Brigitte)

Wir haben Geschichten von Menschen aufgeschrieben, die in Ganderkesee sesshaft wurden. Sie sind uns in unserem Alltag begegnet. Wir wurden miteinander bekannt, und sie vertrauten uns ihre Lebensgeschichten an.

Ihre Erinnerungen ließen in unserem Bewusstsein eine Zeitreise vom Ende des 2. Weltkrieges bis heute abrollen. Wir alle – Interviewpartner*innen und Autorinnen lebten zur Zeit der Interviews in Ganderkesee.

In der Reflexion über das persönlich Erlebte hier vor Ort zeigt sich das Allgemeine in der Zeit.

Jedes Einzelschicksal ist in das Zeitgeschehen eingebunden und lässt sich an den gemeinsamen Details ablesen.

Und immer wieder geht es um die Themen:

Verlassen und Ankommen

Fremdsein und heimisch sein

Ausgrenzen und Annehmen

Flucht und sesshaft sein

Angst und Sicherheit

Zweifel und Vertrauen

Unsere ältesten Interviewpartner*innen berichten vom Ende des 2. Weltkrieges und der Nachkriegszeit.

Zunächst erzählen drei Frauen über ihr Leben in jener Zeit des letzten Jahrhunderts. Sie stellen sich vor, dort wo sie zuhause waren, berichten über Flucht und Vertreibung bis nach Ganderkesee und letztendlich, wie sie hier heimisch wurden.

Gerda, *die Erzieherin aus Ganderkesee*
Wilma, *die Städterin aus Westpreußen*
Sieglinde, *die Bauerntochter aus Schlesien*

Sie kennen sich wohl, sind aber nicht miteinander befreundet.
Sie leben heute hochbetagt in Ganderkesee und wohnen in ihrem Zuhause, das sie gemeinsam mit ihren Ehepartnern für ihre Familien errichtet haben.
Sie erlebten den 2.Weltkrieg mit seinen Schrecknissen als Kinder oder Jugendliche sehr bewusst. Besonders aber erinnern sie die Flucht, die Irrfahrten aus den deutschen Ostgebieten bis in kleinste Einzelheiten – Wilma und Sieglinde. Interessant ist, wie auch Gerda aus Ganderkesee in diese Kriegswirren mit einbezogen wurde. Kriegs- und Nachkriegszeit gehören zu ihrem Leben. Die Beschäftigung damit und das Nachdenken darüber sind bis heute für ihre Familienbiografien von Bedeutung. Durch ihre authentischen und lebhaften Berichte wird für den Leser eine Epoche lebendig, die vergangen ist, aber nicht vergessen werden darf.
Denn ihre Erfahrungen zeigen uns ein Stück Geschichte, das individuell erlebt und gleichzeitig von allgemeiner Gültigkeit ist.
Ausführliche Interviews sind die Grundlage der nachfolgenden Texte.

Kindheit und Jugend in Kriegszeiten
Gerda berichtet vom Kriegsende im "Warthegau"
Die Provinz Posen war seit 1918 polnisches Staatsgebiet mit überwiegend polnisch sprechender Bevölkerung und wurde von deutschen Wehrmachtstruppen 1939 besetzt. Der „Reichsgau Wartheland", wie die Provinz dann hieß, sollte nach dem Willen der Nationalsozialisten wieder „germanisiert" werden. Für die polnische Bevölkerung bedeutete die Besetzung oft Zwangsarbeit, auch Vertreibung oder Flucht. Deutsche wurden dorthin arbeitsverpflichtet oder umgesiedelt, zum Beispiel deutsche Flüchtlinge aus den baltischen Staaten und Bessarabien.

Das Wenige war für mich genug
Ich heiße Gerda und bin 1923 in Ganderkesee geboren. Meine Familie ist hier schon lange ansässig, aber mein Vater war kein Bauer sondern Lehrer.

Ich habe meine Jugend während der Hitlerzeit verbracht; nach dem Volksschulabschluss ein Jahr die Haushaltsschule besucht, dann mein Pflichtjahr als Kindermädchen und Haushaltshilfe im Emsland absolviert. Anschließend folgten eine Ausbildung zur Kinderpflegerin und eine weitere zur Kindergärtnerin. 1943 übernahm ich die Leitung eines Kindergartens mit Heimunterbringung im Reichsgau Wartheland.

Dort im Landkreis Posen in Brodi befand sich der Kindergarten mit Hort und Heimunterbringung. Das war vor allem ein Riesenhaus. Es hieß Flugfelde nach dem nahegelegenen Gut Flug, das von einer deutschen Gutsfamilie bewirtschaftet wurde. Sehr viele Kinder hatten wir nicht, dafür alle Altersstufen von 3 bis 16 Jahren, für die wir 6 Tage in der Woche oft bis zum Abend verantwortlich waren. Dazu kamen die Heimkinder. So wurden uns aus dem zerstörten Berlin 20 Kinder geschickt. Zu dieser Zeit fragte niemand danach, ob meine Helferinnen und ich diese Mehrarbeit überhaupt schaffen konnten. Das war selbstverständlich! Und obwohl wir nun auch sonntags und nachts arbeiten mussten, bekamen wir keinen Pfennig mehr Lohn.

Dennoch habe ich gern dort gearbeitet, weil ich etwas aufbauen konnte und mit dem Wenigen, was uns zur Verfügung stand, für die Kinder gut sorgen konnte. Zur Jahreswende 1945 wurde ich krank und wegen Diphtherieverdacht nach Neu-Tomichel ins Krankenhaus gebracht.

Wilma *berichtet über ihre Kindheit in Westpreußen*

Ich heiße Wilma und bin 1935 in Christburg geboren.

Die kleine Stadt liegt im ehemaligen Westpreußen, dicht an der Grenze zu Ostpreußen. Christburg war damals ein rein deutsches Gebiet. Die polnischen Grenzen schienen uns unendlich weit weg. Dazwischen floss die Weichsel. Heute gehören Westpreußen zu Polen und Ostpreußen zu Russland. Mein Vater war Handwerker, meine Mutter Verkäuferin und ich ihr einziges Kind.

Wir wohnten in der Bahnhofsstraße, und wenn meine Eltern arbeiteten, versorgten mich die Omas. Eine lebte im selben Haus, die andere drei Häuser weiter. Mein Vater war Soldat von Beginn des Krieges an.

Die Erinnerungen an die Kriegsjahre sind nicht traurig, denn die gesamte Familie lebte zu Hause, und ab und zu kam Vater auf Urlaub.

Doch 1944 wurde es anders. Zu der Zeit waren die deutschen Truppen schon auf dem Rückzug aus dem Osten. Mein Vater wurde im großen Weichselbogen eingesetzt, bald darauf schwer verwundet und nach Breslau ins Lazarett gebracht. Meine Mutter konnte ihn dort besuchen und telegrafierte uns, als er im August 1944 starb. Die Großeltern bekamen für sich und mich die Erlaubnis, mit dem Zug nach Breslau zu fahren, um den toten Sohn und Vater ein letztes Mal zu sehen. Das war hart.

In einem Universitätsgebäude in Breslau standen unendlich viele Särge im Kellergewölbe. Es gab Wege dazwischen wie auf einem Friedhof. Sarg an Sarg, Kopfende an Fußende, immer zwei nebeneinander und ein Gang zum Vorbeigehen. Mir wurde bewusst, dass in allen Särgen tote Soldaten lagen.

Das vergesse ich nicht.

Die Beerdigung fand in Christburg im August 1944 statt.

Sieglinde *berichtet über die Besetzung Schlesiens*

Ich, Sieglinde, bin 1936 in Breslau geboren, aber gewohnt haben wir auf dem Lande, also im damaligen deutschen Teil Schlesiens. Meine Eltern besaßen eine kleine Landwirtschaft. In unserer Familie lebten 5 Personen, meine Eltern, meine Schwester, eine erwachsene Bekannte und ich.

Bevor der Krieg 1945 zu Ende ging, sind wir aus Angst vor den russischen Truppen mit dem Pferdefuhrwerk in die Berge geflüchtet. Anfang Mai, als alles zusammenbrach, kehrten wir wieder nach Hause zurück. Es war vieles zerstört; überall lagen Trümmer und Schuttberge. Aber wir haben alles wieder aufgeräumt.

In dieser Zeit passierte so viel!

Immer wieder hieß es: „Die Russen kommen, die Russen kommen!"

Mit dem letzten Vieh, das es noch gab, liefen die Frauen in den Wald, um es zu verstecken. Aber das hatte keinen Zweck, die Soldaten haben trotzdem die Kühe weggenommen, die Hühner geschlachtet, ja, und dann wurde Schlesien polnisch. Es kamen Einquartierungen in das Haus meiner Eltern:

Zuerst eine polnische Familie,

1945 kurz vor Weihnachten eine zweite polnische Familie.

Fremde im eigenen Haus

So haben wir dann gelebt: Der Boden mit unserem Getreide wurde abgeschlossen, so dass die Eltern keinen Zugang mehr hatten. Wir waren nur geduldet im eigenen Haus und hatten eine einzige Stube oben.

Ich erinnere mich, dass wir 1945 Weihnachten in dieser kleinen Stube gefeiert haben. Das Feuerloch wurde aufgemacht. Das war die Weihnachtsstimmung. Meine Mutter hat selbst viel gebacken. Ich sehe sie noch in dieser kleinen Bude stehen und den Teig kneten.

Ein Jahr haben wir mit den Polen zusammengelebt. Es war ein unhaltbarer Zustand, besonders weil wir deutschen Kinder nicht zur Schule gehen durften. Das hat meine Eltern unheimlich belastet.

Von Flucht und Vertreibung
Die Russen kommen

Zu Beginn des Jahres 1945 war der Krieg für das Deutsche Reich bereits verloren. Von Westen kämpften sich die alliierten Truppen (Amerikaner und Engländer) nach Deutschland vor, von Osten rückten die russischen Truppen immer weiter in deutsche Gebiete. Die Soldaten der deutschen Wehrmacht wurden überall zurückgedrängt. Und der Ausruf: "Die Russen kommen!", jagte der deutschen Bevölkerung Todesängste ein, die durch Berichte von Flüchtlingen bestätigt und durch die deutsche Propaganda verstärkt wurden.
In dieser Zeit befanden sich die drei Hauptpersonen unserer Geschichte alle in Gebieten der sich nähernden Ostfront.

Gerda, Kindergärtnerin aus Ganderkesee, tätig im Warthegau, 22 Jahre alt, allein im Krankenhaus in Neu-Tomichel
Wir hatten nichts zu essen – außer einem ganzen Beutel Würfelzucker

Der 20. Januar 1945 war ein Sonnabend.
   Ich lag im Krankenhaus in Neu-Tomichel. Plötzlich hieß es: Die Front rückt näher – die Russen kommen! Alle müssen das Krankenhaus verlassen – einfach raus!

Wer selbständig gehen kann, geht nach Hause, die anderen werden in einen Zug verladen. Gehen konnte ich ja! Ich musste unbedingt eigenständig sein, um zurück ins Kinderheim zu gelangen. Ich wusste genau, wann und wo die Kleinbahn in Richtung Brodi fuhr. Im Zug saßen schon Männer aus Berlin, die wollten ihre Familien vom Land abholen, um sich nach Westen aufzumachen. „Wo wollen Sie denn noch hin?", so ungefähr sprachen sie mich an, denn ich fuhr nach Osten.
Das war in dieser Situation die absolut falsche Richtung.
Das Kinderheim lag ein ganzes Stück von der Hauptstrecke entfernt, ich musste einmal umsteigen. Als ich endlich am richtigen Bahnhof anlangte und mich zu Fuß auf den Weg machte, kam mir eine Frau entgegen. Wieder die gleiche entsetzte Frage: „Wo wollen Sie denn noch hin?" Es war die Frau vom Gutsverwalter: „Wir müssen gleich alle weg!", warnte sie.
So ging ich zum Bürgermeisteramt, um zu fragen, was los sei und mir die

Schlüssel für den Kindergarten zu holen. Immer die gleiche Ansprache: „Oh, wo kommen Sie denn her? Wir müssen um 12.00 Uhr los, und wir sind die letzten, und dies ist der letzte Wagen!" Ich wollte nur mein bisschen Zeug holen und dann mitkommen. Im Kindergarten war niemand mehr. Meine persönlichen Sachen fehlten größtenteils. Als meine Helferinnen den Bescheid zum Räumen bekamen, haben sie wohl alles mitgenommen, denn sie wussten ja nicht, ob ich je zurückkommen würde. Ich fühlte mich schlapp! Nach drei Wochen im Krankenhaus, und dann diese Aufregung! Aber nie dachte ich daran, dass mir et-

FLÜCHTLINGSTRECK BIS GANDERKESEE

was Schlimmes passieren könnte. Im Kindergarten klingelte es plötzlich. Vor mir standen zwei polnische Landarbeiter. Sie hatte die Frau vom Gutsverwalter geschickt, denn ihr war meine schwierige Situation bewusst. Wie sollte ich hier allein rauskommen? Sie schlug vor, mich ihnen anzuschließen. Dann müsste ich aber sofort mitkommen. Ich lehnte ab, weil ich doch mit dem Bürgermeister fahren wollte. So leichtsinnig! Ich dachte damals: „Ich habe denen (Russen) nichts getan, also tun die mir auch nichts!" Ja, so naiv war ich eingestellt.

Und dann ging ich um 12 Uhr wieder ins Amt. Der Bürgermeister rief noch in der nächsten Stadt an. Die haben nur geantwortet, dass wir ganz schnell abreisen sollten, sonst könnten wir uns nicht mehr dem Treck anschließen!

Wir fuhren sofort los bei -20 Grad Kälte. Oh Mann! Bei eisigem Wind und spiegelblanken Straßen!

Ein paar Leute blieben im Dorf; der Müller mit seiner Familie und der Bäcker auch. Sie dachten wie ich: Wir haben nichts verbrochen und wohnen hier schon ewig.

Ein Pole, der beim Müller beschäftigt war, fuhr uns mit dem Pferdewagen. Überall Pferdewagen! Und die armen Pferde! Viele hatten keine richtigen Hufeisen und keine Spikes unter ihren Füßen.

So kamen wir in der nächsten Stadt an, menschenleer!

Wir mussten allein weiter in Richtung Grenze. Die ganze Nacht sind wir gefahren bis zum anderen Mittag - ungefähr. Das vergesse ich nie!

Dann kamen wir in Kirschneustadt an, in der Nähe der Grenzstadt Benschen. Dort wollten wir hin und bei Verwandten vom Bürgermeister und seiner Tochter übernachten. Aber deren Haus war schon voller Menschen; wir mussten auf Treppenstufen schlafen. Doch auch das ging. Nur hatten wir fast nichts zu essen mitgenommen außer einem ganzen Beutel voller Würfelzucker. Man hatte gehört, dass das gegen Hunger helfen würde. Und ich besaß gar nichts, weil ich ja aus dem Krankenhaus kam.

Montag, den 23. Januar 1945

Am Montagmorgen wollten wir sehen, ob ein Zug fuhr.

Oh, es standen schon so viele Leute am Bahnsteig - aber heute sollte kein Zug mehr fahren. Dann hieß es: Die Russen haben Posen eingenommen.

Tja, hatten sie wirklich! Endlich kam doch ein Zug an, der war unterwegs beschossen worden. Und jetzt alle schnell einsteigen!

Neue Nachricht: Die Russen sind zurückgeschlagen! Alle wollten wieder aussteigen. Doch neben mir saß ein Mann aus Berlin, der sagte: „Sie fahren jetzt erst nach Hause!" und hat mich einfach festgehalten. Das war mein Glück, wahrscheinlich rettete er mein Leben! Denn im Februar 1945 geriet die Stadt Benschen in die Frontlinie zwischen den Truppen der deutschen Wehrmacht und der Roten Armee und wurde stark zerstört. Die anderen beiden (der Bürgermeister und seine Tochter) sind ausgestiegen und umgekehrt. Wie ich später erfuhr, haben sie furchtbar gelitten unter den russischen Truppen. Eine Nachbarin vom Bürgermeister ist vor Qual in den Brunnen gesprungen. Alle, die dort geblieben sind, mussten Schreckliches durchmachen. Junge, Junge! Wir wär es mir wohl ergangen, wenn ich dageblieben wäre? Ich wäre nicht lebendig nach Hause gekommen. Nach Kriegsende habe ich noch einmal Post vom Bürgermeister bekommen. Zu der Zeit lebte er in Thüringen.

Na, jedenfalls fuhr ich in Richtung Heimat! Es dauerte länger als einen Tag, bis ich in Berlin war. Dort mussten wir alle aussteigen, den Bahnhof verlassen und bei völliger Verdunkelung in einem anderen Bahnhof übernachten.
Ich bin immer von Posen über Berlin nach Hause gefahren, aber diesmal wusste ich plötzlich nicht mehr, wo ich mich befand.
Wir hatten kein Geld, keine Fahrkarten - es wurden aber auch keine ausgegeben - nichts. An Geld hatte ich gar nicht gedacht, als ich aus dem Krankenhaus kam. Ob ich überhaupt nachgedacht habe über diese Situation, weiß ich nicht mehr. Ich glaube, ich hatte nicht einmal einen Ausweis bei mir.

Dienstag, den 24. Januar 1945

Am nächsten Tag fuhr ein Zug nach Westen. Die Zugbegleiter wollten mich nicht einsteigen lassen. Gestern musste ich aussteigen, und heute durfte ich nicht weiterfahren! Ich bettelte darum. „Ach ja, gehen Sie mal durch!", sagte einer vom Zugpersonal. Die Wagen waren übervoll. Ich habe die ganze Zeit gestanden. Gott sei Dank fuhr dieser Zug nach Hannover. Das merkte ich erst, als wir dort ankamen, denn es gab keinerlei Auskunft. Ja, und in Hannover wusste ich noch, auf welchem Gleis der Zug nach Bremen fuhr. Da stand er auch schon! Also hatte ich riesiges Glück!
Während der Fahrt gab es Alarm, und der Zug hielt wieder an!

Mittwoch, den 25. Januar 1945

Ja, und dann war ich endlich in Bremen und kam am selben Tag noch bis Delmenhorst. Von Sonnabend bis Mittwoch war ich also unterwegs gewesen. In Delmenhorst atmete ich auf, denn ich dachte: „Vaddern ist in der Schule!", ahnte aber nicht, dass er an diesem Tag keinen Unterricht hatte. In meiner Not ging ich zur Wohnung meines Onkels. Meine Tante schmierte mir erstmal ein Brot und rief dann zuhause an. Sie sollten mich abholen. Nur mich - keine Tasche, nichts – alles, was ich nach Brodi mitgenommen hatte - eine große Kiste prall gefüllt und mein Fahrrad - das blieb drüben. Aber ich war endlich zuhause, lebendig, wenn auch fix und fertig. Solche dicken Beine hatte ich vom Stehen, die ganze Zeit nichts zu trinken…
Mann o Mann!

Wilma, *9 Jahre, das vaterlose Kind aus Westpreußen mit ihrer Familie in Christburg*
Vorbereitung zur Flucht

Ich nahm meinen Tornister mit – das war ganz wichtig für mich

Mein Vater war tot, mein Großvater mütterlicherseits schon länger verstorben, und dann wurde der verbleibende Großvater noch zum Volkssturm nach Dirschau eingezogen.

So waren wir fünf Frauen der Familie ganz auf uns gestellt. Die beiden Großmütter 58 und 55 Jahre, die Schwester meiner Mutter 32 Jahre, meine Mutter 31 Jahre und ich, Wilma 9 Jahre alt.

Im Radio sprach schon ein Russe:
Deutschland liegt am Boden

Am Sonntag, dem 21.01.1945 - der Bürgermeister war zum Militär eingezogen - ging sein Stellvertreter, der Architekt S. in sein Büro. Auf dem Weg dahin hielt ihn ein Lastwagenfahrer an und fragte dringend nach einem Arzt. Im Lastwagen lagen Schwerverwundete von der nahen Front.

Es war klar: Die Russen kommen! Sie stehen vor der Tür!

Aber Ausreisegenehmigungen durften nicht erteilt werden. Was sollte man machen, wenn Ausreisen verboten war und mit Erschießen bestraft wurde?

Die Frauen meiner Familie beschlossen, unter dem Vorwand Tante Martha zu besuchen, Christburg zu verlassen. Die Großtante Martha lebte mit ihrer Familie weiter westlich in Dirschau. Ich hatte eine unruhige Nacht. Es wurde gepackt…

Meine Oma, die schon den 1. Weltkrieg erlebt hatte, meinte, dass wir nur so viel mitnehmen dürften, wie wir tragen konnten. Einen Sack mit Wolldecke, Kopfkissen, Laken und ein Deckbett. Meine Mutter füllte einen Koffer mit Kleidung. Ich bekam eine kleine Tasche mit allen Papieren, die sollte ich auf keinen Fall aus der Hand geben, und für mich ganz wichtig – ich nahm meinen Schultornister mit.

Aber auch am nächsten Tag durfte noch keiner aus Christburg ausreisen.

Flucht - *22.01.1945, die Front kam näher, das war zu hören.*

Die Leute eilten schon in Scharen zum Bahnhof. Damals lag der Bahnhof von Christburg genau auf der Grenze zwischen West- und Ostpreußen, das hat uns bei der Flucht sehr geholfen, denn es wurde ein Sonderzug für die Flüchtlinge aus Ostpreußen bereitgestellt. – Nur Familien mit mehreren Kindern sollten abreisen. Wir haben trotzdem versucht, einen Platz zu kommen. Beim zweiten Zug gelang es uns. Niemand wusste, wohin der Zug fuhr, einfach nur nach Westen… Drei Tage, nachdem wir geflüchtet waren, kam die russische Armee tatsächlich in Christburg an. Mutwillig wurde von den Besatzern jedes zweite Haus niedergebrannt. Unser Haus ist stehen

FLUCHT MIT TORNISTER 1945

geblieben, aber das Nachbarhaus ist abgebrannt. Wir wollten meinen Großvater in Dirschau treffen. Er war aber nicht auf dem Bahnsteig. Der Zugleiter meinte, dass wir dort nicht bleiben sollten, denn die Russen würden bald kommen. Also sind wir wieder eingestiegen - ohne ihn.
Am Abend war Endstation: Gartsch. Auf einen Pferdewagen wurde unser Gepäck geladen, und wir trotteten hinterher… Wo sollten wir hin? Einfach nur weiter. Wir hielten in Golmkau vor einem Stall. Meine Oma meinte, das sei ein Schafsstall. Die Tür ging auf. Links war eine Strohschütte, dann ein Gang und rechts lagerten Leute. Die mussten schon länger da sein, denn sie

versuchten, sich etwas zu kochen - auf einem Waschkessel. Es war schrecklich. Man konnte sich nicht waschen. Ich fragte nach einer Toilette. Na da draußen! So etwas hatte ich noch nicht gesehen. Es war ein Plumpsklo für 30 Personen. Das war schon zugefroren und ein richtiger Hügel obendrauf. Zu essen hatten wir ein paar Brote und einige geräucherte Entenbrüste, die meine Großmutter von zuhause mitgebracht hatte. Ich denke, wir waren 5 bis 6 Tage dort im Stall.

Eine wesentlich ältere Nachbarstochter, sie und ihre Mutter waren mit uns geflohen, nahm mich mit nach draußen. Dort lagerten deutsche Soldaten. „Warum fahrt ihr denn nicht mal Schlitten?", fragten die uns. Wir hatten keinen Schlitten, aber sie besorgten uns einen, und dann fuhren sie mit uns Schlitten. Das war für mich ein richtig schöner Tag!

Februar 1945 – Schnell packen – wir müssen weg

Schon bald hieß es wieder: Wir müssen weg, die Russen kommen!

Wir packten schnell unsere wenigen Sachen zusammen, damit wir mit dem Pferdewagen zurück zur Bahnstation fahren konnten.

Gegen Abend sagte der Zugleiter: „Heute schlaft ihr in einem Haus von der Verwaltung." Das war ein Büro, in dem noch die Schreibtische standen. Auf dem Boden lagen Menschen; Mann an Mann. Wenn in der Nacht sich einer umdrehte, dann musste sich der andere auch umdrehen.

Am Morgen ging es weiter, Tag und Nacht im Zug in Richtung Ostsee. Wir haben darin im Sitzen geschlafen. Der Zug musste Umwege fahren, denn es gab auch zerstörte Gleise. Niemals haben wir uns getraut auszusteigen. So waren wir mehrere Tage unterwegs und sind bis Greifenberg gekommen. Zuerst wurden wir in einer Turnhalle untergebracht. Da gab es tatsächlich Brötchen zu essen. Anschließend wurden wir einem Bauern zugewiesen. Dort bezogen wir ein Zimmer, und ich konnte auch zur Schule gehen. Ein Mädchen würde mich abholen.

Eines Tages wollten wir Brot backen. Ein wunderbarer Gedanke!. Doch schon wieder hieß es: Schnell packen, wir müssen weg! Meine Tante und eine Oma sollten nachkommen und das Brot mitbringen.

Mit dem Pferdewagen kamen wir auf dem Bahnhof in Greifenberg an. Wir warteten und warteten. Es war sehr kalt – Anfang Februar. Endlich kam ein Güterzug! Ja, der Zug war da, aber Oma und Tante fehlten. Meine Mutter versuchte einen Platz zu finden, um alle Sachen in den Zug zu schaffen. Ich hatte Glück, ich saß auf dem Sack mit dem Bettzeug. Schließlich kamen Oma und Tante auch. Es wurde immer enger im Waggon: Eine weitere Familie, eine Wöchnerin mit 6 Kindern und Kinderwagen mussten Platz finden.

Der Waggon war offen - Tiefflieger jagten über uns hinweg – Ich hielt mir eine Decke über den Kopf. Zwei alte Leute deckten sich mit einer weißen Tischdecke zu! Alle schrien: „Weg damit! Das verrät uns!"

Aus den Wagen riefen die Menschen: Sani- Sani! im Rhythmus der Rollbewegung. Und wenn der Zug hielt, wurden die Toten nebendran gelegt.

März 1945 - über das Stettiner Haff – Richtung Westen

Stettiner Haff – da sollten wir übergesetzt werden:

Von Ostswine nach Swinemünde.

Eine ältere Frau erzählte von ihrer Zeit in Berlin. Das war die einzige Ablenkung von all der Not; ich habe ihr ganz konzentriert zugehört. Jeweils 3 Waggons und etliche Trecks wurden auf die Fähre verladen – zwischendurch immer wieder Fliegeralarm.

Dann fuhr der Zug weiter nach Schwerin. Wir landeten in einem Café. Es gab Stühle zum Sitzen und etwas zu trinken und zu essen.

Dann der nächste Zug in Richtung Westen – Warnemünde? Aber keiner wusste genau, wohin der Zug fuhr.

Es ging nach Bremen. Bevor der Zug im Bremer Hauptbahnhof hielt, stiegen Helfer des Roten Kreuzes ein. Jede Person bekam einen Pappbecher mit Graupensuppe. Die hat uns wunderbar geschmeckt! Dann fuhren wir weiter.

Das war am 10. März 1945.

In Ganderkesee stiegen die ersten aus. Auch wir wurden aufgerufen:

Halt in Immer!

Hier stiegen wir aus, aber die Verteilerstelle war in Bürstel.

Bis 1988 besaß Immer einen eigenen Bahnhof und wurde auf der Strecke Bremen – Wildeshausen angefahren.

Erstaunlich, wie in beiden Fluchtgeschichten die genauen Daten genannt werden. Gerda hat als junge Frau allein die abenteuerliche Reise vom Warthegau nach Ganderkesee bewältigt und weiß heute als über Neunzigjährige noch viele Details. Bei Wilma haben sich Eindrücke fest eingebrannt, die die Wahrnehmung eines Kindes zeigen.

Später hat sie sich sehr für ihre Herkunft interessiert und Einzelheiten durch Nachforschen und Nachfragen erfahren. So ist auch datumsmäßig ein genauer Hergang der Flucht möglich.

Sieglinde, *10 Jahre, das Bauernkind,*
geflohen ins Riesengebirge, zurückgekehrt
nach Schlesien, vertrieben aus der Heimat
August 1946 - Vertreibung aus Schlesien

Und ich habe mir nur gewünscht, dass sie meine Puppe nicht klauen. Und eines Tages war es soweit: Wir mussten das Land verlassen! Es kam der Bescheid, in der nächsten Woche das Haus zu räumen. Und dann ging alles ganz schnell. Ich weiß heute selbst nicht mehr wie, aber organisiert war das damals. Die Polen mussten uns in die Stadt fahren. Eine Nacht haben wir noch in der Kreisstadt geschlafen. Meine Mutter schlug für uns draußen ein Nachtlager auf - Sternschnuppen fielen aus dem Nachthimmel. Und was

FLUCHT MIT PUPPE 1946

habe ich mir gewünscht? Nur, dass sie mir meine Puppe nicht klauen! Meine Schwester und ich durften unsere Puppen mitnehmen. Das waren unsere einzigen Spielsachen. Sie waren in Federbetten eingewickelt. Am nächsten Tag mussten wir durch die Kontrollen. Und die Polen haben uns die Federbetten abgenommen. Ach, das sehe ich heute noch: Bergeweise Inlettbezüge und Federn im Hof! Einfach weggenommen und aufgeschlitzt!
Die Puppen haben wir vorher rausgenommen und später anders eingepackt. Aber als wir hier ankamen, waren die Köpfe kaputt, weil die Verpackung nicht gehalten hatte. Was waren wir naiv! Doch mein Herz hat so an der Puppe gehangen! Ich war ja auch noch ein Kind, 10 Jahre alt, als wir vertrieben wurden. Insofern habe ich diese unendlich schwierige Situation anders empfunden als das Erwachsene erlebt haben. Und die Eltern versuchten, vieles von uns Kindern fern zu halten. Aber die Sorgen, sicher, ihre großen Sorgen, das haben wir schon bemerkt.

Von Kriegsflüchtlingen in Ganderkesee

Gerda, *die Einheimische, findet zurück nach Hause, Januar 1945*
Wieder in Ganderkesee – Nichts war mehr so wie vorher!

Mein Bett und mein Zimmer waren vergeben. Darin lebten die ausgebombten Verwandten aus Bremen. Zu der Zeit war mein Bruder mit einer jungen Baltendeutschen verlobt, deren Familie aus Lettland über verschiedene Umwege nach Posen umgesiedelt wurde. Als dann gegen Ende des Krieges die russische Front immer näher rückte, mussten sie genau wie ich flüchten und kamen in die Gegend von Magdeburg. Der Vater war schon bei der Besetzung Lettlands durch die Rote Armee verschleppt worden.

Unser Vater hat gleich gesagt: „Die können wir da doch nicht sitzen lassen, die müssen wir hierher holen." Ja, unser Vater, der war so! Und unsere Mutter, die machte das dann möglich; hat alles organisiert.

Ich wurde gar nicht erst gefragt, ob ich das wohl mittragen könnte. Die Balten kamen mit 4 Kindern, mit Mutter und Oma, 6 Leute insgesamt. Ja, da wurden die Betten zusammengestellt, alles selbstverständlich! Die Balten belegten alle Zimmer hinten im Haus, wo normalerweise unsere Schlafzimmer lagen. Meine Mutter und ich lebten nur hier vorne.

Ich schlief auf der Chaiselongue hier im vorderen Zimmer. Damals hatten wir hier unten noch keine Heizung.

Oben hatten wir ein Zimmer vermietet, in dem die Verwandten aus Bremen lebten. Daneben wohnten noch zwei Mädchen, die, wer weiß wo herkamen - hiesige waren das jedenfalls nicht - in einem weiteren Zimmer. Am 10./11. März 1945 kamen dann die Flüchtlinge aus dem Osten hier an. Die uns Zugewiesenen haben wir getauscht gegen die Unterbringung unserer baltischen Verwandtschaft. Damit lebten also sechs Personen im Obergeschoss und 8 Personen im Erdgeschoss.

Schwierig, einen Platz am Herd zu bekommen – und kein Topf blieb mehr heil

Wir saßen immer alle in der Küche zusammen. Aber man musste gut aufpassen, dass man auf dem Herd Platz bekam. Alles wurde von allen mitbenutzt, unsere Töpfe waren ständig im Einsatz, so dass es bald keinen heilen Topf mehr gab.

GANDERKESEE 21. APRIL 1945

Denn für so viele Menschen war unser Haushalt ja nicht eingerichtet, absolut nicht. Aber es ging alles, weil es musste und jeder sich auf die Situation eingestellt hat. Trotzdem - vor allem das Kochen auf dem einen Herd mit so vielen Leuten, das war schwierig!

Und der Krieg war noch nicht vorbei! Die alliierten Soldaten zogen durchs Dorf und marschierten bis in unsere Ecke.

Ich war gerade morgens aufgestanden, als sie durch die Scheiben in dieses Zimmer schossen. Genau da! Wenn ich hier noch geschlafen hätte, dann hätte ich einen Splitter in den Kopf gekriegt. Sie kamen in unser Haus und guckten, was sie brauchen konnten - überall. Aus den Wandschränken rissen sie alles heraus und warfen es auf die Betten. So ernst die Lage auch war, mussten wir doch lachen, denn wir fanden Knobelbecher, die einer der Soldaten ausgezogen hatte. Stattdessen trug er jetzt richtig schöne maßgeschneiderte Stiefel von unserem Vater. Wir haben nur gedacht: Wie werden dem wohl die Füße schmerzen! Und dann wollten sie immer Eier haben, aber wir verstanden ja kein Englisch, und bei Eiern stellten wir uns noch dümmer. Die lagen übrigens hinter ihrem Rücken, das hätten sie ja auch sehen können.

Und dann gab es Alarm; wir hatten zwar einen Keller, aber nicht für so viele Leute. Trotzdem - wir mussten alle rein. Und die Engländer, die als Posten hier standen, waren eher unten als wir. Sie hatten so große Angst: Die schießen! Aber das war weit weg in Bremen oder Oldenburg. Das war wirklich keine schöne Zeit!

Als der Angriff auf Ganderkesee am 21. April 1945 stattfand, saßen wir im Keller und wagten uns nicht raus. Wir haben nicht einmal gesehen, wie das Dorf brannte.

Wilma,

geflüchtet aus Christburg, Westpreußen – landet in Bürstel

Dat sin mine fiv

Das war am **10. März 1945**. In Immer stiegen wir aus, aber die Verteilerstelle war in Bürstel. Also mussten wir vom Bahnhof Immer zum Kriegerdenkmal nach Bürstel laufen.

Ich konnte nicht mehr. Meine Mutter musste mich tragen. Ich fror erbärmlich, Nerven und Muskeln zitterten nur so.

In Bürstel angekommen, teilte unsere zukünftige Hauswirtin die Flüchtlinge den verschiedenen Bauern zu. Wir blieben als letzte übrig. Da habe ich zum ersten Mal Plattdeutsch gehört, als sie sagte: „Dat sin mine fiv!"

Laufen konnte ich nicht mehr, und meine Mutter konnte mich nicht mehr tragen. Da trug mich die Hauswirtin. Das fand ich ganz schön blamabel: Mit 9 Jahren noch getragen zu werden. Später sahen wir meine Füße an. Sie waren blau gefroren.

Na ja, da waren wir also in Bürstel.

Auf dem Weg gab es einen kleinen Lichtblick. Ich sah drei Mädchen zur Schule gehen, denn sie hatten Tornister auf dem Rücken.

Endlich wieder Kinder! Endlich wieder Schule!

Dann kamen wir in einem Bauernhaus an. Es war kein intakter Hof, aber es gab noch drei Kühe; der Hauswirt arbeitete hauptsächlich im Wald.

Im Erdgeschoss wohnten die Wirtsleute, und wir bekamen im Obergeschoss zwei Zimmer zugewiesen - eins zum Schlafen und eins zum Wohnen und Essen. Außer uns lebte noch eine Bremer Familie, die ausgebombt war, im Haus: eine Frau mit zwei Kindern. Das Mädchen war so alt wie ich, der jüngere Bruder so alt wie die Tochter des Hauses.

Bei der Ankunft war ich so matt, dass ich nach oben getragen wurde. Ich traute mich aber nicht, allein im Schlafzimmer zu schlafen. Da wurden kurzerhand im Wohnraum zwei Korbsessel zusammengeschoben, ein Kopfkissen bekam ich auch, und dann schlief ich und schlief...

Als ich am nächsten Morgen erwachte, traute ich meinen Augen nicht, vor meinem Bett standen drei Kinder. Das war richtig schön!

Aufnahme und erste Erlebnisse in der Schule

Sonnabends sind wir angekommen, und mit dem Bremer Mädchen Margret hatte ich ausgemacht, am Montag zusammen zur Schule zu gehen. Das war ein wunderbarer Gedanke!

In Christburg besuchte ich die 4. Klasse. Wenn wir dort in eine andere Klasse geschickt wurden, mussten wir uns vor der Lehrerin „aufstellen" und „melden", d. h. den Hitlergruß zeigen, Namen, Adresse, Klasse und den Auftrag sagen. So waren wir das gewohnt.

Ich ging also am Montagmorgen nach vorne zur Lehrerin und stellte mich vor, nannte als Grund meines Daseins, dass ich jetzt hier zur Schule gehen würde. „Gut", hat sie geantwortet, „da hinten ist noch ein Platz frei, da kannst du dich hinsetzen." Huch! Für mich war das ungewohnt, so unfreundlich abgefertigt zu werden.

Doch das Mädchen, neben dem ich saß, war nett. Es hatte dicke Zöpfe, so wie ich auch. In der Pause auf dem Schulhof hörte ich dann, wie andere Kinder Margret fragten: „Du, die ist doch Flüchtling. Hat die etwa Läuse?" Ab dieser Zeit hat meine Mutter jeden Mittag nach der Schule meine Zöpfe kontrolliert, aber Läuse hatte ich nie.

Eines Tages wurde Diktat geschrieben. Die Lehrerin diktierte, und ich schrieb und schrieb. Alle warteten erstaunt auf mich, denn ich wurde nicht fertig. Ich dachte bei mir, dass das nicht sein könnte. Oder war ich in zwei Monaten ganz dumm geworden? Die Sätze ergaben auch keinen Sinn.

Zum Abschluss las die Lehrerin noch einmal das Diktat vor, und es wurde klar, ich hatte drei Diktate mitgeschrieben: Das für die 2., 3. und 4. Klasse. Denn Bürstel war eine zweiklassige Landschule mit jeweils vier Jahrgängen in einer Klasse. Das war für mich als Stadtkind neu.

Die Lehrerin hat auch später nichts getan, um mir die Umstellung zu erleichtern. Zum Glück war ich verhältnismäßig selbständig und nicht so ängstlich. Aber Unfreundlichkeit konnte ich doch nicht gut ertragen.

Fünf Jahre bin ich in Bürstel zur Schule gegangen. Das war ein Stück Normalität, das mir Struktur in mein Leben zurückbrachte. Und in dieser Zeit habe ich mich gut eingelebt.

Nach der 4. Klasse wollte ich gerne aufs Gymnasium gehen. Aber meine Mutter sagte: „Kind, du hast nichts im Bauch und nichts auf dem Bauch. Das können wir uns jetzt nicht leisten." Unsere finanziellen Mittel würden nicht für das Schulgeld reichen. Sie hat mir aber versprochen, nach dem Abschluss der Volksschule zu sehen, was dann möglich sein würde.

Sieglinde, *das Mädchen vom Bauernhof,*
vertrieben aus Schlesien - landet in Havekost – *August 1946*

Nach der langen Reise landeten wir in der Gemeinde Ganderkesee. Die erste Nacht haben wir in der „Alten Turnhalle" (neben der Bücherei) verbracht, in der ich jetzt auch turne. (Es ist dieselbe Turnhalle, in der 2016 viele albanische Flüchtlinge untergebracht wurden.) Am nächsten Morgen kamen die Bauern aus der Gemeinde, und wir wurden verteilt – in jede Bauernschaft 10 Leute. Also wir waren fünf Personen, dazu unsere Nachbarin mit ihren beiden Kindern. Mein Vater hatte sich dieser vaterlosen Familie schon in der Heimat angenommen, und so sind sie mit uns nach Ganderkesee gekommen. Wir kamen nach Havekost zu verschiedenen Bauern.

Und wir bekamen täglich 2 Liter Milch.

Unserer Familie wurde eine Wohnung beim Bauern W. in seinem Haus zugeteilt, sogar zwei Räume. Damals war das großzügig. Denn die Bauern waren im Allgemeinen nicht beglückt über unsere Ankunft. Sie hatten schon die Ausgebombten aus Bremen, die Flüchtlinge aus Ost- und Westpreußen aufgenommen; dazu jetzt die Vertriebenen.
Und sie wussten ja auch nicht, wer kommt.
Heute denke ich, ob wir glücklich wären, wenn man uns einfach irgendwelche Leute ins Haus setzen würde? Nein, nein!
Aber ich muss sagen, wir hatten immer ein gutes Verhältnis mit unseren Bauersleuten. Die Tochter hat uns gerade noch besucht. Besonders mit den Kindern besteht bis heute eine freundschaftliche Beziehung. Frau W. erklärte gleich: „Stellen Sie jeden Morgen eine Kanne unten hin, und Sie bekommen täglich 2 Liter Milch." Das war gut so und ganz viel wert in der damaligen Zeit.

Und dann die Schule!

Wir wurden angemeldet und durften wieder in die Schule gehen. Ich war 1942 eingeschult und bis Weihnachten 1944 regelmäßig hingegangen. Damals in Schlesien kamen auch schon Flüchtlinge in unsere Schule. 1945 sind wir kaum zur Schule gegangen. Meine Schwester, sie ist 1939 geboren, hätte schon 1945 eingeschult werden müssen, kam aber erst 1946 in Havekost zur Schule. Zu der Zeit wurde zu Ostern eingeschult, wir kamen aber im August hier an. Da wurde sie gleich ins kalte Wasser geworfen und musste im 1. Schuljahr mitarbeiten. Es gab große Klassen, manchmal gehörten 45 Kinder in eine Klasse. Das waren vier Jahrgänge in einem Raum. Wie Fräulein Dueser das geschafft hat! Alle Achtung, finde ich, was sie damals geleistet hat.
Wir haben trotzdem viel gelernt. Und an die Lieder erinnere ich mich heute noch. Daran denke ich heute noch. Papier war Mangelware, und Schulhefte gab es überhaupt nicht. Eine Bauerstochter brachte alte dicke Hefte aus der Molkerei mit, die nicht vollgeschrieben waren. Ich bekam auch eins und durfte darin die Seiten vollschreiben. Das war ja eine Not, man glaubt es nicht! Meine Mutter musste beim Bauern arbeiten und mir helfen Schularbeiten zu machen. Ich konnte nicht mehr lesen, was wir geschrieben hatten und war auch so ungeduldig. Die ärmste Mutter, sie sollte plötzlich alles können.
Eine Geschichte weiß ich noch, damals wollten wir eine Weihnachtsfeier veranstalten bei Segelken im Saal. Da hieß es: Jeder muss Holz mitbringen, damit wir den Saal heizen können! Zur Generalprobe war es eiskalt. Zur Weihnachtsfeier wurde es aber richtig warm.

Interessant sind die Berichte der beiden damaligen Grundschulkinder Wilma und Sieglinde über ihre Schulzeit. So verschieden auch ihre Wahrnehmungen für die Lehrkräfte waren, so empfanden beide es als wünschenswert und beruhigend, wieder an einem geregelten Unterricht teilnehmen zu können.

Versorgung der Kriegsflüchtlinge und Vertriebenen

Die schulpflichtigen Kinder gewöhnten sich wohl am ehesten an die neuen Lebensumstände. Sie zumindest hatten während des Vormittags Spielkameraden und Ansprechpartner.

Für die Erwachsenen war sowohl die soziale als auch die finanzielle Notlage viel schwerer zu ertragen.

Arm wie die Kirchenmäuse kamen Flüchtlinge und Vertriebene hier an; nicht vorstellbar für Einheimische, dass sie in ihrer Heimat auch Besitz gehabt hatten.

Jahrelang mussten sie sich, besonders in einer ländlichen Struktur mit Hilfsarbeiten über Wasser halten.

Mutter und Tante aus dem Frauenhaushalt arbeiteten als Hausschneiderinnen und besserten in anderen Haushalten Kleidungsstücke aus oder stellten aus alten Sachen neue her.

Um mehr Geld zu verdienen, wechselte Wilmas Mutter in den 50er Jahren in eine Kosmetikfabrik. Das war ein fürchterlicher Job, denn die Frauen suchten auf den Schutthalden in Huchting Flaschen zum Abfüllen für die Kosmetika. In der Firma wurden sie mit Laugen (von Hand) gespült.

Später konnte sie wieder als Verkäuferin arbeiten.

Die Bauersfrau aus Schlesien half beim Bauern aus. Das war schwere Arbeit, die sie aber gewohnt war. Ihr Mann ging zum Steine klopfen zu einer Baufirma – Trümmerstücke wurden wieder gebrauchsfertig behauen, oder er rodete Stubben (Stumpf eines abgesägten Baumes ausgraben).

Dafür bekam er dann Brennholz für den heimischen Herd.

Übereinstimmend erzählen beide Frauen, dass die Gemeinde den Flüchtlingen Land zur Verfügung stellte, auf dem sie Gemüse und Kartoffeln anpflanzen konnten. Manche hielten auch Hühner.

So wurden sie in vielen Dingen Selbstversorger.

Denn zum Tauschen, wie es die Städter betrieben, besaßen Flüchtlinge und Vertriebene nichts.

Bewusst hatten die Alliierten in den Verträgen von Jalta 1945 auf eine Regelung der zurückgelassenen Besitztümer verzichtet, sodass diese den Besatzungsmächten zufielen.

Witwen-, Waisen- und Kriegsopferrenten waren nach Kriegsende
nicht selbstverständlich zu erhalten.
In den einzelnen Besatzungszonen regelten die Besatzungsmächte das Überleben der Bevölkerung. Und es war wirklich nur das Überleben.
In den Jahren 1945 bis zur Währungsreform 1948 war die Not am größten. Es
wird erzählt, dass der Wald im Hasbruch wie „geputzt" aussah. Jedes Stück-
chen Holz wurde als Feuermaterial aufgesammelt.
Erst mit der Gründung der Bundesrepublik 1949 konnte die Regierung Konrad
Adenauers Sozialgesetze erlassen.

1949 entstand ein Gesetz zur Soforthilfe für Flüchtlinge und Vertriebene
mit dem Ziel, die blanke Not zu lindern.

1950 erfolgte die Gründung des Sozialverbandes VdK, Verband der Kriegs-
beschädigten, Hinterbliebenen und Sozialrentnern in Deutschland mit dem
Ziel, zunächst den Kriegsopfern zu helfen. Heute ist der VdK der größte
Wohlfahrtsverband für Behinderte in Deutschland.

1952 wurde der Lastenausgleich durch Gesetze geregelt. Ziel war der finanzielle Ausgleich für die erlittenen Vermögensschäden der Flüchtlinge,
Vertriebenen, Ausgebombten und Opfer des Nationalsozialismus.

Der Lastenausgleich wurde von vielen einheimischen Bürgern mit Unver-
ständnis und Neid wahrgenommen. Das Wort „Flüchtling" behielt auch in den
1950er Jahren einen abwertenden Klang.
Erwartete ein Flüchtlingsmädchen ein Kind von einem Einheimischen, war
die Meinung:„Och, die Flüchtlingsdeern, de schmeert sich so an!" Die Flüchtlingsdeern hatte die Schuld, natürlich, so war das! Und die Bauern hatten nur
Angst, dass ihre Söhne ein Flüchtlingsmädchen heiraten könnten! *(Sieglinde)*

Wenn Hochzeiten in der Nachbarschaft gefeiert wurden, waren wir nicht ein-
geladen. Ich selbst lud aber auch keine Schulfreundinnen ein, weil ich mich
schämte wegen der eigenen ärmlichen Verhältnisse. *(Wilma)*

So blieben die verschiedenen Gruppen der Landsleute erst einmal unter sich.
Die Einheimischen hatten ihre Schützenvereine, die Flüchtlinge gingen spa-

zieren. Später veranstaltete der VdK für sie Flüchtlingsbälle oder Weihnachtsfeiern. Ein Stück Heimat und Zugehörigkeit wurde für viele von ihnen die katholische Gemeinde.

Davon berichtet Wilma:

Die Gemeinde war unser Zuhause

Mit den schlesischen Vertriebenen 1946 kam auch Pfarrer Richter aus Breslau nach Ganderkesee. Der sammelte die katholischen Flüchtlinge um sich. Zu seinen Veranstaltungen konnte man ohne Hemmungen hingehen. Alle lebten in ähnlichen Situationen. Man brauchte sich nicht zu schämen und konnte sich auch gegenseitig besuchen. In seinen Versammlungen wurde Hochdeutsch gesprochen - vielleicht etwas schlesisch oder ostpreußisch angehaucht – im Gegensatz zu dem damals hier üblichen Plattdeutsch.

Als Pfarrer Richter dann ordentlich bestellter Pfarrer für Ganderkesee wurde, baute er die Kirchengemeinde auf. Es gab Kinder- und Jugendgruppen und viele gemeinsame Aktivitäten. Das schweißte die Flüchtlinge und Vertriebenen zusammen.

Schon im November 1950 konnte die neuerbaute katholische Kirche geweiht werden. Sie ist benannt nach der Heiligen Hedwig, die in Schlesien seit dem 13. Jahrhundert verehrt wurde. Für die katholischen Neubürger wurde die Kirche ein Stück Heimat.

Mit den Geldern des Lastenausgleichs und besonderen Aufbaukrediten bauten viele der Flüchtlinge und Vertriebenen eigene Häuser in Sichtweite des Kirchturms von Sankt Hedwig. So entstand in den 1950er Jahren ein neues Viertel mit Siedlungshäusern, dessen Straßennamen bis heute an die Städte der ehemaligen deutschen Ostgebiete erinnern.

Beide Frauen lernten ihre späteren Ehemänner innerhalb der Kreise der Neubürger kennen, die Schlesierin den Flüchtling aus Ostpreußen; die Westpreußin den Vertriebenen aus Schlesien.

Von Ausbildung in schwieriger Zeit

Gerda – *Erneute Ausbildung - Schneiderlehre*
Sieglinde – *Schulentlassung und Schneiderlehre*
Wilma – *Handelsschule und Bürotätigkeit*

Nach dem Krieg durfte Gerda nicht mehr in ihrem Beruf als Kindergärtnerin arbeiten, denn im pädagogischen Bereich mussten alle erst entnazifiziert werden. Da sie sich auf Dauer aber nicht mit Gelegenheitsarbeiten zufrieden geben wollte, begann sie eine zweite Ausbildung als Schneiderin.

Zu Fuß ging sie täglich nach Havekost ins Atelier ihrer Meisterin. Diese Lehre schloss sie mit der Gesellenprüfung ab und arbeitete danach selbständig viele Jahre zuhause. Viel später ergab sich für sie noch einmal eine andere berufliche Perspektive.

Als Gerda die Ausbildung beendete, war Sieglinde gerade aus der Volksschule entlassen und überglücklich, in Havekost bei derselben Meisterin einen Ausbildungsplatz zu bekommen.

Industriell gefertigte Textilien waren in dieser Zeit rar und teuer. Geschickte Frauen, die nähen und stricken konnten, hatten innerhalb der Familien alle Hände voll zu tun. So schien der Beruf der Schneiderin für viele junge Mädchen durchaus passend. Allerdings war die Bezahlung in privaten Ateliers gering, und Sieglinde wechselte deswegen bald in eine Textilfabrik nach Delmenhorst. Allmählich besserte sich die Wirtschaftslage und beide Frauen nahmen an dem Aufschwung teil!

Wilma, *vertrieben aus Christburg, wohnhaft in Bürstel*
Schulzeit in Delmenhorst

In Delmenhorst gab es die Handelslehranstalten, in denen man den zweijährigen mittleren Handelsabschluss erwerben konnte.

Während der letzten Monate in der Volksschule machte ich die Aufnahmeprüfung und wartete gespannt auf das Ergebnis. Jeden Morgen fragte mich der Lehrer: „Na, hast du Post bekommen?" Nein, wieder nichts!

Aber dann kam die Karte: Ihre Tochter hat die Aufnahmeprüfung bestanden und wird auch aufgenommen! Da konnte ich einen Luftsprung machen!

Jetzt ging es zur Anmeldung. Im Büro legte meine Mutter ihre Einkommensverhältnisse offen. Deprimierende Frage: Sie sind Witwe. Ist das Schulgeld denn sicher? Haben Sie niemanden, der für Sie bürgen könnte?

Meine Tante, die alleinstehend, aber schon als Schneiderin angestellt war, unterschrieb, für mein Schulgeld zu bürgen. Nach zwei Jahren machte ich erfolgreich meinen Abschluss und bekam - sozusagen als Bonus - von der Gemeinde einiges vom Schulgeld zurück. Dafür kauften wir eine Couch, und jetzt endlich traute ich mich, jemanden nach Hause einzuladen.

In dieser Zeit verließen wir Bürstel, denn meine Mutter und ihre Schwester bauten dieses Haus, in dem ich bis heute lebe, in Ganderkesee. Das war im Jahre 1952. Es war ein Siedlungshaus, und die Kredite verpflichteten die Besitzerinnen, Menschen mit Berechtigungsschein als Mieter aufzunehmen.

Arbeitsleben im Büro

Für Wilma, die gelernte Bürokraft, gestaltete sich die Arbeitsplatzsuche schwierig. Sie wollte unbedingt arbeiten, aber zwei erfolgreiche Bewerbungen in Bremen musste sie absagen, weil die Konditionen für sie nicht zu verwirklichen waren. Zum Glück konnte ihr Handelsschullehrer für Buchhaltung sie in ein Büro in der Schulstraße in Delmenhorst vermitteln.

Das war ein Steuerberater. Ich stellte mich vor und wurde sofort eingestellt. Zunächst für 80.- DM in der Probezeit. In diesem Büro war viel liegengeblieben. Für mich hieß das, in Journalen Zahlen um Zahlen zu addieren, so dass ich nachts davon träumte.

Meine Kollegin machte Urlaub, ich vertrat sie, mein Chef ging in Urlaub, nur ich arbeitete ununterbrochen. Keinen Urlaub, keine Gehaltserhöhung ein ganzes Jahr lang, obwohl ich alle anfallenden Arbeiten selbständig erledigte. Zufällig traf ich wieder meinen Handelsschullehrer, der mich bestärkte, eine Gehaltserhöhung zu verlangen. Nach etlichem Zögern wagte ich, meinen Chef danach zu fragen. Aber er weigerte sich.

Darauf besorgte mir der Handelsschullehrer ein Vorstellungsgespräch bei der Firma C.H. Schmidt, Großhandel für Fahrräder. Ich bekam die Stelle mit monatlich 125 DM brutto.

Na, endlich konnte ich dem Steuerberater kündigen! Der war nicht erfreut: „Ja, dann können Sie auch den ganzen Dezember zu Hause bleiben, haben Ihren Urlaub und hier ist Ihr letztes Gehalt." Dafür kaufte ich mir ein Paar Stiefel und eine Strickjacke; denn ab dem 2. Januar würde ich viel mehr verdienen. 7 Jahre blieb ich bei C.H. Schmidt.

In der Zwischenzeit hatten wir uns verlobt. Mein Mann war ein Vertriebener aus Annaberg in Schlesien. Bevor wir heirateten, wechselte ich noch einmal und arbeitete zwei Jahre in einem großen Betrieb, bei der Firma Brinkmann in Bremen bis zur Geburt unserer Tochter.

Zuhause in Ganderkesee

Gerda – *Neuanfang oder zurück zu den Anfängen*
Sieglinde – *Ein Stück Ganderkesee ruht in mir*
Wilma – *Familie wird zur Heimat*

Gerda, *Kindergärtnerin, Schneiderin, verheiratet, zwei Kinder*
Ich habe mit 52 Jahren beruflich noch einmal neu angefangen.

Das Arbeitsamt in Bremen suchte Teilnehmerinnen, die wieder in den Beruf (Kindergärtnerin) einsteigen wollten. Sie sollten weitergeschult werden. Ich habe sofort gewusst, dass das genau das Richtige für mich war. Ich meldete mich an und nach kurzer Wartezeit bekam ich tatsächlich Bescheid für den nächsten Kurs: ein Vierteljahr, jeden Vormittag!

Zuerst habe ich mich mit meinen beiden Kindern und meinem Mann besprochen. Die fanden das prima, dass ich wieder zur Schule gehen wollte.

Dieses Vierteljahr war eine schöne Zeit! Alle Teilnehmerinnen waren schon älter, zwischen 40 und 50 und hatten Berufserfahrung. Unser Unterrichtsraum befand sich in der Jugendherberge, die Lehrkräfte kamen von der Hochschule, Dozenten und Professoren. Manchmal stellten sie uns Beispiele vor, dass wir nur sagen konnten: „Das müssen Sie mal vormachen, das geht nämlich gar nicht!" Am Ende meinten sie, wenn unsere Studenten auch mal so mitdenken würden. Also, die Lehrenden kannten die Theorie, von der Praxis hatten sie weniger Ahnung.

An zwei Tagen gingen wir in Kindergärten, um zu hospitieren. Wir brauchten nichts tun, nur hinsetzen und zugucken. Aber das kann ich ja gar nicht! Ach nein, da musste ich mit zupacken. Und zum Schluss saßen wir alle zusammen, damit wir den Tag bereden konnten.

Wir haben öfter erlebt, dass die Studierten etwas einführen wollten, was in der Praxis untauglich war und erlitten denn auch mal Schiffbruch. Aber das haben sie nicht zugegeben: „Die Kinder waren nicht danach!"

Mittags, wenn ich zurückfuhr, warteten meine beiden Kinder schon in Delmenhorst auf dem Bahnhof. Die gingen dort zum Gymnasium.

„Was habt ihr heute gelernt?", konnten wir uns gegenseitig fragen.

Während der Ausbildung bekam ich Unterhaltshilfe. Das war mir so peinlich! Deshalb fuhr ich nach Oldenburg zum Arbeitsamt, um das abzustellen. Doch das ließ sich nicht ändern. Aber es ging mir gegen meine Ehre: Geld zu bekommen und nichts zu leisten!

In der praktischen Ausbildung habe ich in einem Kindergarten hinter dem Bürgerpark gearbeitet. Die Leiterin hat mir eine Ganztags- oder Halbtagsstelle angeboten, gerade, wie ich es wollte.

Ich lehnte ab, denn ich wollte nicht in Bremen zu bleiben;
ich wollte zurück aufs Land.

Ja, und nun musste ich selbst suchen, wo ich arbeiten konnte.

Ich ging ins Rathaus zu Herrn H., dem Fachbereichsleiter der Spielkreise. Der merkte sofort, dass ich an einer Anstellung und nicht an einem Minijob interessiert war. Deshalb verwies er mich an den Schulrat. Gleich am nächsten Tag bekam ich einen Gesprächstermin und konnte ja auch etwas vorweisen: Ich war gelernte Schneiderin, besaß den Übungsleiterausweis für Kindersport und hatte eine Aus- und Weiterbildung als Kindergärtnerin. Er schlug mir die Grundschule Lange Straße in Ganderkesee vor und dachte an eine Stelle im Schulkindergarten. Der Schulleiter, Herr F. brauchte mich aber für die Vorschule, was ich eigentlich auch viel lieber wollte. So bin ich dahin gekommen! Ja, das war ein Glücksfall!

Bis zu meiner Rente habe ich in der Vorschule mit viel Freude gearbeitet. Manchmal treffe ich erwachsene ehemalige Schulkinder, die fragen dann:

„Kennen Sie mich noch?" Na, sie waren doch so klein, und ich hatte sie nur ein Jahr. Da kennt man sie nicht wieder. Aber die Tochter vom Förster hier, die besucht mich noch immer. Das ist richtig nett.

Wilma, *Bürofachkraft, verheiratet, 2 Kinder*
Ein Stück Ganderkesee ruht in mir

Ich habe mich bemüht, meine Kinder nicht mit dem zu belasten, woran ich noch schwer zu tragen habe. Trotzdem wissen sie eine Menge aus meiner alten Heimat.

Aber sie sollten sich nicht „dazwischen" fühlen. Sie sollten beheimatet sein. Sie fühlen sich auch als Ganderkeseer. Der Jüngste lebt hier, die beiden anderen Kinder sind verheiratet, haben selbst Kinder und leben in Süddeutschland. Ich fühle mich nicht als Ganderkeseerin. Aber ich habe festgestellt, dass ich mich zu Ganderkesee und dem Umkreis (Bürstel und so) zugehörig fühle. Ein Stück Ganderkesee ruht in mir, gehört zu mir.

Das macht man sich sonst nicht klar.

Meine Familie ist trotz Kriegsgeschehen und Flucht zusammengeblieben – das hat mir sehr viel bedeutet. Ich kann nur schwer loslassen.

Gern wäre ich nach meiner Schulzeit in eine größere Stadt umgezogen, wie Hamburg etwa, aber dann kam immer der Gedanke, wenn Oma stirbt, dann bist du nicht da… Ja, so blieb ich hier.

Sieglinde, *Schneiderin, verheiratet, 3 Kinder*
Meine Familie ist meine Heimat

Ich lernte meinen Mann kennen. Seine Familie war aus Ostpreußen geflüchtet. So haben sich dann die Flüchtlingsströme vereint. Dadurch gab es eine Blutauffrischung. Das war aber auch das einzig Positive.

Mein Mann war Landwirt und hat zuerst in Ganderkesee auf einem Bauernhof gearbeitet. Später besuchte er eine Fachschule in Bremen und wurde Bauingenieur. Danach arbeitete er in Bremen.

1960 haben wir geheiratet, und ich verließ Havekost. Genau, als dieses Haus, in dem ich bis heute lebe, hier in Ganderkesee fertig war. Letztes Jahr waren es 50 Jahre.

Unsere 3 Kinder sind hier geboren: ein Mädchen und zwei Jungen. Ich habe als Mutter nicht mehr außer Haus gearbeitet, aber genäht habe ich viel. Das passte schon!

Als unsere Kinder klein waren, gab es noch keinen Kindergarten, später nur einen einzigen.

Aber schließlich gab es die Vorschule und den Spielkreis. Unser Ältester hat den Spielkreis besucht und anschließend die Grundschule am Steinacker. Sie war vorläufig im selben Gebäude wie die Sekundarstufe untergebracht. Denn die Grundschule an der Dürerstraße wurde erst 1979 fertig. Da war er schon 10 Jahre. Jens und unser Mädchen waren bis zur Einschulung zuhause. Wir hatten das Haus gebaut, das abgezahlt werden musste, und ich arbeitete als Hausfrau und Mutter nicht außerhalb. Da kam man gar nicht auf die Idee, die Kinder in den Kindergarten zu schicken. Außerdem waren hier in den neuen Häusern viele Familien mit Kindern.

Die haben zusammen gespielt, ich denke, sie haben nichts vermisst. Und zum Turnen sind wir zu Hilde Stege gegangen. Sie war eine Institution!

Heute leben hier in den Häusern immer nur zwei Personen, wenn man Glück hat; alles Rentner, alte Leute. So hat sich das Wohngebiet verändert.

Auf Spurensuche

Gerda – *Studienfahrten nach Ostpreußen*
Wilma – *Verbindungen ins polnische Dzierzgon/Christburg*
Sieglinde – *Erinnerungen - Besuch in der alten Heimat Schlesien*

Gerda, *Witwe und Rentnerin*
Studienfahrten nach Ostpreußen

Als nach der Wiedervereinigung 1989 der Osten scheinbar näher rückte, wurden hier in Ganderkesee Studienfahrten nach Polen, in das ehemalige West- und Ostpreußen angeboten. Ich war mittlerweile Witwe und Rentnerin und nahm begeistert und interessiert an mehreren dieser Fahrten teil.

Und tatsächlich kamen wir einmal auch durch Neu-Tomichel, dem heutigen Nowi -Tomysl. Das Krankenhaus, in dem ich 1945 lag, war noch in Funktion und sah, ehrlich gesagt, genauso baufällig aus wie damals.

Leider fand ich niemanden, der mich nach Brody, dem Ort, in dem mein Kindergartenhaus stand, begleitet hätte – und so habe ich „meinen Kindergarten" nie wiedergesehen.

Wilma, *wohnhaft in Ganderkesee*
Verbindungen ins polnische Christburg/Dzierzgon

Ich war 9 Jahre, als wir Christburg verließen, aber ich würde alles wiedererkennen, was noch vorhanden ist.

Mein Opa, den wir vergeblich in Dirschau gesucht hatten, wurde mit Hilfe des Suchdienstes wiedergefunden, lebte kurze Zeit mit uns und ging bald nach Kriegsende zurück nach Christburg.

Unser Haus stand ja noch, hatte aber eine polnische Einquartierung. Meine Oma, seine Frau, folgte ihm 1948. Danach wollten wir eigentlich alle zurück.

Für solche Vorhaben gab es in Oldenburg eine Beratungsstelle. Sie hat uns damals dringend abgeraten.

Denn das ehemalige Westpreußen war jetzt polnisch, die Arbeitsbedingungen äußerst schlecht und Schul- und Ausbildung für mich ganz unmöglich.

So blieben wir vier Frauen denn hier, und das war sehr vernünftig, weil die Lebensbedingungen in Polen sich dramatisch verschlechterten, sodass meine Großeltern 1957 wieder nach Ganderkesee umsiedelten.

Kurz darauf starb mein Opa. Damit er hier beerdigt werden konnte, ließen wir alle Dokumente meiner Großeltern vom Polnischen ins Deutsche übersetzen. Das Haus in Christburg wurde an mich vererbt.

Meine Großmutter blieb mit der polnischen Familie, die in unserem Haus wohnte, in Briefkontakt.

Die Schwiegertochter (eine ehemalige Rheinländerin) konnte deutsch antworteten.

Als in dieser Familie ein Sohn starb, wurde er auf der Grabstelle meines Vaters beigesetzt. Dafür übernahm die polnische Familie die Grabpflege. Damit habe ich kein Problem.

Den Tod meiner Großmutter 1964 teilte ich der polnischen Familie mit.

In den 70er Jahren besuchten unsere ehemaligen Nachbarn, die mit uns geflüchtet waren, Christburg; und ich organisierte, dass sie bei der polnischen Familie in unserem Haus wohnen konnten. Sie fotografierten viel, und ich habe alles wieder erkannt.

Auch fand ein Gegenbesuch der polnischen Familie statt, die wir bei dieser Gelegenheit kurz kennenlernten.

Wenn ich selbst je nach Christburg kommen sollte, möchte ich unerkannt im Hotel wohnen und mir nur das ansehen, was ich wirklich sehen will. In unser Haus würde ich auf keinen Fall gehen. Es soll in meiner Erinnerung so bleiben, wie es war.

Sieglinde, *wohnhaft in Ganderkesee*
*Erinnerunge*n

Wehmütig ja, aber traurig waren sie nicht.

Anfangs haben meine Eltern schon mal daran gedacht, wieder zurückzugehen nach Schlesien. Aber nachher, unser Vater war immer sehr nüchtern, haben sie sich mit dem Verlust abgefunden und hier dann ja auch Fuß gefasst.

Erst kamen die Tränen, und dann war es schön!
Besuch in Schlesien

Also ich bin mit meiner Schwester und meinem Vater 1975 nach Schlesien gereist. Unsere Mutter fuhr nicht mit. Sie wollte mit Polen nichts mehr zu tun haben.

Es war wunderbar, noch einmal alles anzusehen!

Ja, das Haus, unser Haus steht noch, und die Polen haben uns ganz freundlich aufgenommen. Wir blieben eine Woche und konnten bei ihnen wohnen. Alles war schön zurechtgemacht. Der Maler war wohl gerade erst da gewesen. Das war wirklich toll.

Und die Menschen sind so gastfreundlich, die können auftischen, dass sich der Tisch biegt. Es kamen so viele Erinnerungen hoch! Erst kamen die Tränen, und dann war es sehr schön!

Wir waren auch noch in Breslau und sind ins Riesengebirge gefahren. Wie gut, dass unser Vater dabei war, wir hätten das gar nicht alles gewusst. Denn als Kinder sind wir nicht viel herumgekommen, und später haben die neuen Eindrücke hier unsere Erinnerungen auch überlagert. Jaja. Manches wussten wir nur aus den Erzählungen unseres Vaters. So konnten wir das auf unserer Reise selbst neu erleben, und das war beglückend.

Seit dem 03.06.2018 gibt es zwischen den Gemeinden Ganderkesee und der polnischen Gemeinde Pultusk (60 km nördlich von Warschau) eine Städtepartnerschaft.
Ihr Schwerpunkt ist die Schulkooperation. Schüler aus beiden Gemeinden werden sich kennenlernen. Sie erfahren etwas über ihre jeweiligen Sprachen und Kulturen.
Für sie sind die Kriegserfahrungen unserer beiden Völker sehr weit entfernt. Das oft wiederholte Spiel von Vertreibung kennen sie nicht.
Wir wünschen ihnen einen friedlichen Austausch, die Anerkennung der Verschiedenheiten verbunden mit dem Respekt vor dem jeweils Anderen.

Donauschwaben, wer sie waren - wer sie sind.

Im Auftrag der Habsburger Könige begann Ende des 17. Jahrhunderts die Neubesiedlung der Gebiete an der mittleren Donau. Nach dem Abzug der Osmanen – Türkenherrschaft – waren diese Gebiete völlig entvölkert.
Im Laufe der Zeit etablierte sich die Bezeichnung „Donauschwaben" auch im eigenen Sprachgebrauch. Von den Historikern wurden sie allerdings erst nach dem Ersten Weltkrieg so bezeichnet.

Jugoslawien

Im Gespräch wird erwähnt, dass das Land bis 1941 Königreich Jugoslawien hieß. Es wurde nach dem Ersten Weltkrieg gegründet und umfasste Slowenien, Kroatien, Bosnien-Herzegowina, Serbien, Montenegro und den Kosovo. Unter dieser Bezeichnung existierte es bis zur Besetzung durch das Deutsche Reich 1941. Bis zum Zweiten Weltkrieg lebten auf dem Gebiet des danach gegründeten Landes Jugoslawien etwa 510 000 Donauschwaben. Historiker schätzen, dass etwa die Hälfte der Deutschen Anhänger der nationalsozialistischen Ideologie waren und sich der Waffen-SS angeschlossen hatten. Viele dieser Personen sind 1944/1945 mit der deutschen Armee abgezogen, da sie Vergeltungsmaßnahmen fürchteten. Die sogenannten Unbelasteten wollten ihre Heimat nicht verlassen, wurden aber kollektiv zu Kriegsverbrechern und Volksfeinden erklärt. Daraufhin wurden die meisten zwangsdeportiert oder hingerichtet. Heute leben etwa 4000 Deutsche in Serbien.
Zum Zeitpunkt des Interviews waren beide Eheleute Agnes und Bernhard anwesend. Bernhard saß nach einem Schlaganfall im Rollstuhl.

Bernhard
Leben in Kikinda

Ich bin 1931 in Kikinda, einer Stadt in Nordost-Serbien, unweit der rumänischen Grenze, geboren. Dort habe ich bis zu meinem dreizehnten Lebensjahr gewohnt. In Kikinda lebten in dieser Zeit 30.000 Einwohner; die Hälfte etwa waren Serben, dazu ungefähr 7000 Deutsche, ebenfalls Ungarn, einige Slowaken, Rumänen und Juden. Zwischen den verschiedenen Völkern gab es wenig Berührungspunkte. Wir Deutsche gingen in unsere deutsche Schule, hatten

LANDSCHAFT IN JUGOSLAWIEN-50ER JAHRE

unsere deutschen Läden und mussten kein Serbisch lernen. Nach dem Einmarsch der Hitlersoldaten bekamen die deutschstämmigen Bewohner braune Hemden, und viele marschierten auch mit.

Mein Vater war Schuh- und Stiefelmacher und besaß eine gutgehende Schuhmacherwerkstatt, in der er auch für deutsche Soldaten Stiefel anfertigte.

Flucht und Internierung

Als die politische Führung sich 1944 nach Deutschland abgesetzt hatte, meinte meine Tante, die bei der Volksgruppenführung beschäftigt war, dass es besser wäre, für eine Zeit lang zu fliehen. Sie hätte von Gräueltaten der Partisanen und Russen gehört. So flohen wir erst mit Wehrmachts-LKWs nach Ungarn und dann weiter bis nach Waidhofen/Bayern.

Dort fanden mein Onkel und mein Vater in einer Schuhmacherei sofort Arbeit. Ich ging sogar zur Schule, aber gelernt habe ich nicht viel, weil es ständig Fliegeralarm gab.

Am 09. Mai 1945 marschierte die russische Armee in Bayern ein und schickte uns zurück nach Jugoslawien. Wir dachten, dass wir nach Hause kämen, aber wir wurden in Nakovo (einem Dorf in der Nähe von Kikinda) in ein Lager gebracht. Dort wurden meine Schwester und ich von unseren Eltern getrennt. Das war genau am 09. Juni, an meinem 14. Geburtstag.

Meine Eltern kamen in ein anderes Lager, in dem sie kurz nacheinander starben.

Ich wurde zur Feldarbeit eingeteilt, zur Maisernte, zum Glück bei einem guten Bauern. Später wurden wir nach Südserbien transportiert. Dort haben wir in einem Rudnik (Bergwerk) gearbeitet.

1954 durften wir Jugoslawien verlassen. Zuvor mussten wir für die Urkunde zur Entlassung aus der jugoslawischen Staatsangehörigkeit viel Geld bezahlen.

Bernhards Schwester lernte während ihres Aufenthaltes im Lager einen Mann kennen, der aus Delmenhorst stammte. Die beiden heirateten und durften nach Delmenhorst ausreisen. Da Bernhard niemanden im Westen kannte, gab er die Adresse seiner Schwester in Delmenhorst als Ziel in Westdeutschland an.

Über Delmenhorst nach Ganderkesee

Ja, ich musste aber erst ein halbes Jahr in Bremerhaven wohnen, weil Niedersachsen zu diesem Zeitpunkt keine Flüchtlinge aufnahm. Doch jedes Wochenende fuhr ich mit dem Zug nach Bremen und weiter nach Delmenhorst.

In Bremerhaven habe ich als Schuhmacher bei einem Orthopäden gearbeitet. Wenn man in Titos Armee für 28 Schuhmacher Verantwortung übernimmt, und das habe ich als Titos Soldat getan, dann wird man selbstsicher.

In Delmenhorst ging ich zufällig an einer Schuhmacher- und Nähmaschinenwerkstatt vorbei, trat ein und fragte, ob ich dort arbeiten könnte. Ich konnte sofort anfangen.

Agnes

Mein Mann hat in dieser Kellerwerkstatt sehr viel gearbeitet. Wenn er nicht nach Delmenhorst gegangen wäre, hätte ich ihn nie kennengelernt.

Wir trafen uns 1956 auf dem Urneburger Schützenfest. Vier Jahre später haben wir geheiratet.

Ursprünglich stammt meine Familie aus Schlesien. Dort wurden wir vertrieben und kamen nach Grüppenbühren. Uns haben hiesige Bauern aufnehmen müssen. Ich war damals sechs Jahre alt; doch als Kind empfindet man das nicht so tragisch.

Bernhard

Nach unserer Heirat hatte ich verschiedene Arbeitsstellen, manchmal vier gleichzeitig. In den Presskorkwerken in Ganderkesee – da wo später die Feuerwehr stationiert war - habe ich 9 Jahre als Korkmüller gearbeitet. Als die ersten Jugoslawen in den 60er Jahren als Gastarbeiter kamen, wurde ich als Übersetzer in der Baubranche eingesetzt.

Agnes

Ich arbeitete in einem Kaufhaus und habe ihn oft abends im Presskorkwerk besucht, denn er hatte immer Spätschicht. Nach Ganderkesee - Kühlingen sind wir 1960 ins neugebaute Haus meiner Eltern gezogen.
Mein Mann besaß ja keine abgeschlossene Berufsausbildung, wollte aber Beamter werden.

Bernhard

Das stimmt. Ich musste das 10. Schuljahr nachmachen. Das war in der VHS Delmenhorst möglich und für mich kein Problem. In Geschichte und Mathematik war ich sehr gut. Am längsten habe ich dann bei der Post gearbeitet, nämlich 26 Jahre. In Ganderkesee bauten wir das Haus, in dem wir bis jetzt leben. Es sieht fast so aus wie mein Elternhaus in Kikinda. Wir bekamen zwei Söhne. Einer ist leider mit 36 Jahren an Krebs gestorben. Der andere Sohn lebt mit seiner Familie in Delmenhorst. Das Schicksal ist manchmal ganz hart.

Arbeitnehmer auf Zeit?

In der Zeit zwischen 1950 und 1970 hatte die Bundesrepublik Deutschland mit mehreren Staaten – Italien, Spanien, Portugal, Tunesien, Griechenland, der Türkei und Jugoslawien – „Anwerbeabkommen" abgeschlossen.

Daraufhin wurden in diesen Ländern Arbeitnehmer für bestimmte Firmen und für eine befristete Zeit verpflichtet. Aus allen Ländern kamen junge Leute als „Gastarbeiter" in die großen deutschen Städte und Industriezentren. Häufig lebten sie - nach Geschlechtern getrennt – in Fabrikheimen, hatten also nur wenig Kontakt mit Einheimischen. Sie wurden sowohl von ihren Arbeitgebern als auch in der Gesellschaft als Arbeitskräfte auf Zeit wahrgenommen. Zunächst machte sich niemand Gedanken über die menschliche Seite dieser Zuwanderung.

Erst als in den 70er Jahren junge Männer auch ihre Familien nach Deutschland holten, trat die Situation der Gastarbeiterfamilien ins öffentliche Bewusstsein. Fremdsprachige Kinder besuchten deutsche Schulen, und Stadtviertel mit überwiegend ausländischen Bewohnern entstanden. Die kulturellen, religiösen und sozialen Unterschiede wurden sichtbar und prallten aufeinander. Durch die fehlenden Anreize zur Integration blieb es dem Willen und Wunsch jedes Einzelnen überlassen, aus der Parallelgesellschaft herauszutreten und am allgemeinen gesellschaftlichen Leben teilzuhaben.

Ein typisches Beispiel für diese Zeit ist das Interview mit Lenka und ihrem Mann, die 2012 kurz vor ihrer Rente standen.

Lenka

Mein Mann und ich wurden Anfang 1950 in Jugoslawien geboren. Wir arbeiteten als junge Leute im selben Ort und lernten uns dort kennen.
In meinem Heimatdorf waren alle Menschen arm, aber hungern mussten wir nie. Wir besaßen zwei Kühe, zwei Schweine, einige Hühner und einen Gemüsegarten. Außerdem hatten wir eine Tante in Amerika, von der wir regelmäßig Pakete bekamen.
Als ich zwölf war, fuhr ich zum ersten Mal in einem Auto mit und fand, das

wirkte sehr reich! Ich sagte mir: „Wenn du groß bist, fährst du auch ein Auto." Acht Jahre besuchte ich die Schule. Anschließend absolvierte ich einen Kochkurs und kam für drei Monate zu einem Ehepaar nach Österreich. Dort arbeitete ich im Haushalt.

Nach Deutschland kam ich 1969.

In unserem Dorf gab es damals eine Bekanntmachung, dass für Deutschland Arbeitskräfte gesucht würden. Bei der Anmeldung wurde ich für die Arbeit in einer Fischfabrik in Hamburg eingeteilt. An dem dafür vorgesehenen Abfahrtstag gab es so viel Schnee, dass ich nicht hinfahren konnte. Das war mein Glück, denn ich mag überhaupt keinen Fisch.

So kam ich einige Zeit später nach München zu Siemens. Dort wohnte ich mit acht Frauen aus Jugoslawien in einem Fabrikheim, jeweils vier in einem Zimmer. Keine der jungen Frauen sprach Deutsch. Wir arbeiteten vom ersten Tag an am Fließband.

Damals gab es keine staatlich organisierten Sprachkurse. Bei uns stellte sich aber bald ein Lehrer vor und versprach, uns Deutschkurse zu geben. Der Kurs kostete 69,00 DM. Das war für uns sehr viel Geld, aber wir waren glücklich und besuchten abends nach der Arbeit den Kurs. Am fünften Abend erschien der Lehrer nicht. Unsere Recherche ergab, dass diese Person weder unter dem uns bekannten Namen noch unter der angegebenen Adresse existierte.

Nach diesem Erlebnis wollte ich nie wieder einen Deutschkurs besuchen. Ich habe aber trotzdem ganz gut Deutsch gelernt. Alles, was ich hörte, schrieb ich auf und überprüfte es anhand eines Buches zu Hause. Bei mir lagen überall Zettel mit deutschen Wörtern.

Nach eineinhalb Jahren wechselte ich nach Meppen zur Firma Coppenrath & Wiese. Ich sortierte und verpackte die Tortenböden.

1970 kam mein jetziger Mann nach Hagen und arbeitete bei einer Firma für Autokrane. Nachdem wir 1972 geheiratet hatten, wollten wir auch zusammenwohnen. Ein Freund, der in Ganderkesee lebte, wusste, dass in Bremen, an den Hochöfen, Arbeitskräfte gesucht wurden. Wir fanden in Ganderkesee eine Wohnung, und ich begann bei famila zu arbeiten.

Als mein Mann 1975 seine Arbeit in Bremen verlor, gingen wir, mittlerweile mit einem einjährigen Sohn, nach Schweden. Doch schon nach dreieinhalb Monaten kehrten wir nach Ganderkesee zurück.

Seitdem leben wir hier. Bis zu unserem Rentenalter arbeiteten wir in der näheren Umgebung bei verschiedenen Firmen.

Am Anfang waren wir überzeugt, im Rentenalter in die Heimat zurückzukehren. Doch unsere lange Zeit in Deutschland – mehr als 40 Jahre – brachte eine Entfremdung zur alten Heimat. Unser Haus dort, als Alterssitz gebaut, haben wir inzwischen verkauft.

Wir möchten in Deutschland bleiben. Hier lebt unser Enkelsohn mit seinen Eltern, und unsere Freunde wohnen auch hier.

Ein Wort zuvor
Ferienzeiten im Ausland – als Schülerin

Als Jugendliche hatte ich die Gelegenheit, mehrmals meine Sommerferien bei Verwandten in Belgien zu verbringen. Da sie nur wenig Deutsch sprachen, nahm mein Schulfranzösisch einen beherzten Aufschwung. Mit jugendlicher Begeisterung half ich im Betrieb meines Onkels und interessierte mich für jede Unternehmung, die sich mir bot. Der Zugang zu anderen Menschen wurde mir durch den Bekanntenkreis meiner Verwandten leicht gemacht. Deren Verständnis und Zuwendung spornten mich an und machten mich glücklich, so dass ich mich gerne mit dem Alltagsleben dieses kleinen Ortes befasste.

Ich vergesse nie eine Episode, als ich mit 14 Jahren das gleichaltrige Patenkind meiner Tante traf. Cecile zeigte mir das Foto ihrer Firmung – in einem weißen langen Kleid - wie zu einer Hochzeit! Das fand ich so wunderschön, dass ich es auch anzog, und ein Foto von mir, der reformierten Protestantin, im Firmungskleid entstand.

Niemand störte sich damals an diesem Foto und dem Rollentausch; ich aber hatte etwas im katholischen Ritus entdeckt, was in meiner Kirche sehr sparsam war: Äußere Kennzeichen als Symbole wahrzunehmen. Rückblickend begleitet mich die Neugier, hinter die Kulissen zu schauen und Traditionen zu ergründen, mein Leben lang.

Ich denke, dass die Leichtigkeit, mit der ich in jungen Jahren Fremde und Fremdes als aufregend und bereichernd erlebte, meine positive Einstellung zu ausländischen Menschen prägte. Heute weiß ich, dass aus dem sicheren Hort meines Zuhauses Fremdes mein Fernweh weckt und Fremde die Ferne zu mir bringen.

Einwanderung aus europäischen Nachbarländern
Die Mehrheit der Weltbevölkerung wächst zweisprachig auf, auch in Ganderkesee gilt das für viele Menschen

Wer in Ganderkesee am Bahnhof aus dem Zug steigt und sich dem Ortszentrum zuwendet, steht auf dem Platz „Château-du-Loir".

Ja, seit 1979 gibt es eine Partnerschaft zwischen dem kleinen Ort Château-du-Loir - südwestlich von Paris - und Ganderkesee. Bemerkbar macht sich diese Partnerschaft durch den gegenseitigen Besuch von Musikzügen (Feuerwehr), wechselseitigem Schüleraustausch, durch Zeltlager mal hier, mal dort und vielen anderen Aktivitäten.

Etliche Teilnehmer und Teilnehmerinnen können bestimmt lustige oder auch nachdenkliche Anekdoten von all den Veranstaltungen während des Austausches erzählen.

Doch die beiden Französinnen, die wir interviewten, kamen nicht wegen der Städtepartnerschaft nach Ganderkesee, sondern wegen ihrer ganz persönlichen Partnerschaft, der Liebe wegen. Und das setzt mehr voraus als Besuche. Es bedeutet: Ein Wagnis auf lange Zeit.

Sie kamen freiwillig und mit dem Enthusiasmus junger Leute, dieses, ihr Leben zu meistern.

Unsere französischen Gesprächspartnerinnen sind Marlène und Nathalie.

In die Schilderungen der beiden Französinnen schaltet sich Dragica, eine gebürtige Bosnierin ein, so dass ein Dreiergespräch entsteht, das durch den Ost-

West-Vergleich einen besonderen Spannungsbogen erhält. Der Blick von außen auf unser Leben in Deutschland und die Erfahrungen der Ausländerinnen in Ganderkesee zeigen ein kleines Stück Europa.

Geboren und aufgewachsen in Frankreich und Jugoslawien
Marlène

Ich bin in der Normandie in der Hafenstadt Cherbourg geboren und habe Schule und Berufsausbildung in Frankreich absolviert. Dann lernte ich in Paris durch meine Arbeit meinen späteren (deutschen) Mann aus Ganderkesee kennen. Nach einer Weile war es unser Wunsch, sich räumlich näher zu sein, und so suchte und fand ich eine Tätigkeit in Hannover (1991) und habe dort bis zur Geburt unserer ersten Tochter gearbeitet. Danach sind wir nach Ganderkesee gezogen. Die deutsche Sprache beherrschte ich schon, weil ich als Kind vier Jahre mit meiner Familie in Wien gelebt habe.

Nathalie

Ich bin in Südfrankreich geboren, nahe der spanischen Grenze in der Stadt Pau. Bei mir war es so: Nach meinem französischen Abitur hatte ich den Wunsch, Deutsch in Frankreich zu studieren. Um die deutsche Sprache zu verbessern, bin ich hierhergekommen, denn ich hatte damals eine Freundin in Ganderkesee. Wir besuchten gemeinsam die 12. Klasse. Ich habe am Unterricht teilgenommen wie alle anderen auch. So bin ich hier ein ganzes Jahr zur Schule gegangen und habe einen jungen Mann kennengelernt, der jetzt mein Ehemann ist. Also bin ich geblieben. Statt in Frankreich Germanistik zu studieren, belegte ich an der Bremer Universität Romanistik und Germanistik, wechselte aber die Ausbildung und erhielt später den Abschluss als Übersetzerin.

Marlène und Nathalie konnten problemlos als Französinnen in Deutschland eine Arbeitsstelle suchen oder mit dem französischen Abitur an der deutschen Universität studieren, sofern sie genügend Deutschkenntnisse besaßen. Der Wechsel nach Deutschland war für beide mit vielen persönlichen Erfahrungen verbunden. Doch die beiden westeuropäischen Länder Deutschland und Frankreich waren in den 1990er Jahren schon lange eng miteinander verbun-

den. Es gab einen regen Austausch und auch Kenntnisse über die jeweilige Kultur und Besonderheiten.

Für die junge Jugoslawin Dragica war es schwieriger. Sie reiste nach dem Abitur in Jugoslawien in den 1970er Jahren nach Hamburg, um dort zu studieren. Da sie kein Wort Deutsch sprach, lernte sie es in einem einjährigen Kurs und legte dazu auch eine Qualifikation ab – ähnlich dem deutschen Abitur. Denn Jugoslawien gehörte nicht zur EU, und Osteuropa war nicht nur geografisch, sondern auch gefühlsmäßig weit entfernt.
Sehr verschieden erlebten diese jungen Frauen, die in Ganderkesee mit ihrem Partner wohnten und eine Familie gründeten, diesen Ort.

Der große Umzug nach Deutschland
Der Lebensbaum bekommt mehrere Wurzeln...

Marlène

Als ich von Paris nach Deutschland übersiedelte, kam mir das Dorf Ganderkesee natürlich sehr klein und überschaubar vor. Was mir gleich gut gefiel, ist die Nähe zum Meer. Das Wasser ist ganz anders als in Frankreich, also dieses Raue, nicht unbedingt mit Wärme verbunden und dann das Wattenmeer.
Hier fand ich das Ländliche wieder, was ich als Kind in unserem Landhaus in der Normandie erfahren hatte. Diese Stimmung gefällt mir immer sehr. In Ganderkesee konnte ich mir im Laufe der Zeit einen Freundeskreis aufbauen, der mir nahe steht, und deshalb fühle ich mich hier wohl.
Trotzdem muss ich sagen, dass ich immer noch regelmäßig nach Paris und zu meiner Herkunftsfamilie fahre.
Ich habe sozusagen zwei Wurzeln!

Nathalie

Ich bin selbst in einem kleinen Ort aufgewachsen, also von daher war es kein Riesenunterschied, als ich nach Ganderkesee kam. Mir fiel besonders positiv auf, wie die Nachbarn zusammenhalten; nicht nur dort, wo ich wohnte. Ich glaube, es ist hier so üblich.
Ich fühlte mich sofort aufgenommen. Sie waren immer für mich da. Sehr spon-

tan sagten sie: „Ach komm doch rüber, wenn du allein bist!" Es war wirklich ein großer Zusammenhalt. Das fand ich ganz toll!

Aber so ganz allein war ich nicht. Zu meinem Glück ist die Schwester meiner Mutter mit einem Deutschen verheiratet und wohnt in Delmenhorst. Ich wusste immer, wenn alle Stricke reißen, ist da jemand, der zu mir hält.

Gut, ich studierte, als ich nach Ganderkesee zog. Ich war also von morgens bis abends in Bremen, traf viele Gleichgesinnte und hatte überhaupt keine Zeit, mir Gedanken über Einsamkeit zu machen.

Marlène

Das war am Anfang, als ich nach Ganderkesee kam, ganz anders.

Nach der Geburt meiner Tochter Anna, meines ersten Kindes, war die Situation für mich völlig neu. Denn in Hannover, wo ich in einer internationalen Firma gearbeitet hatte, traf ich viele Menschen. Hier kannte ich niemanden und hatte ein kleines Kind.

Es gab viel Ungewohntes und neue Eindrücke, mit denen ich erstmal zurechtkommen musste. Das waren nicht unbedingt negative Erlebnisse, sondern von heute auf morgen führte ich ein ganz anderes Leben.

Das hätte in Paris wahrscheinlich ähnlich passieren können, aber dass ich in Deutschland lebte, war eine zusätzliche Hürde, eine weitere Sache, die es zu bewältigen galt.

Besonders die Tatsache, dass wir zuerst im Industriegebiet wohnten, also nicht so mittendrin wie Nathalie, machte es für mich schwerer. Da gab es kaum Nachbarn! Diese Nachbarschaftsgeschichte, das erlebe ich erst, seitdem wir in den Ort umgezogen sind. Darüber bin ich richtig froh!

Die Leute hier sind so hilfsbereit, so nett. Wir haben mehrere Nachbarn, mit denen mich eine freundschaftliche tiefe Beziehung verbindet. Für mich bedeutet das etwas sehr Wertvolles und ist eine wunderschöne Tradition in Deutschland.

Es ist jetzt interessant, Marlène mit Dragica zu vergleichen. Auch sie kam - 15 Jahre früher - nach Ganderkesee, kannte niemanden außer ihrem Ehemann, hatte ihr Studium abgeschlossen, aber keinen Job und bekam ihr erstes

Kind. In ihrem Studienort Hamburg war immer etwas los. Ihre Freunde und Bekannte waren international.

Für sie war es ein Schock, keinen Menschen auf der Straße zu sehen. Sie dachte: „In Hamburg lebt man, und hier ist man im Haus!"
Am Anfang fuhr sie häufig nach Hamburg, um Freunde zu treffen. Dort fühlte sie sich wohl; hier erschien ihr alles spießig.

Marlène

Die leeren Straßen haben auch mit der Jahreszeit zu tun. Im Winter stimmt das wirklich, weil man die Leute gar nicht sieht. Wenn man sich nicht einlädt oder verabredet, ist jeder bei sich zuhause - in der Wärme. Im Sommer ist das doch ganz anders!

Dragica

Ja, aber irgendwie muss man Leute kennenlernen. Nicht jeder Mensch ist gleich kontaktfreudig. Bei manchen dauert das mit dem Bekanntwerden in der Nachbarschaft etwas länger. Aber dann findet man auch den Zusammenhalt wunderbar: Wenn man gebraucht wird, hilft man sich gegenseitig. Ist ein Nachbar verreist, sieht man nach dem Rechten; fehlt gerade ein Ei, kann man sich eins borgen. Das ist einfach klasse! Und Nachbarschaft finden alle wichtig. Das gab es in Hamburger Studentenkreisen nicht in gleicher Form, denn Studenten leben anders.

Familiengründung – sesshaft werden

Was aber konnte damals eine junge Mutter, die hier fremd war, tun, um Menschen zu treffen? Sie ging mit ihrem Baby in eine Krabbelgruppe.
Sowohl Dragica als auch Marlène haben die Chance genutzt und sind bis heute begeistert. Sie lernten Mütter im gleichen Alter kennen. Dann trafen sich die Kinder immer wieder - im Grunde genommen bis zum Abitur - denn nach der Krabbelgruppe gab es Mutter- und Kind-Turnen, später Schwimmunterricht und Sport, Kindergarten und Schule.

Marlène

Ich fand es extrem wichtig, einen Platz in einer Krabbelgruppe zu bekommen, damit mein Kind mit deutschen Kindern Kontakt hatte.
Und auf Annas Abiturentlassungsfeier war ich berührt, als ich auf dem Podium Jugendliche sah, mit denen Anna einst in der Krabbelgruppe gespielt hatte. Das ist doch eine schöne Geschichte!
Der Anfang der jungen Frauen hier in Ganderkesee war nicht leicht. Es fehlten die Kolleginnen, die gleichgesinnten Studentinnen und Freundinnen.
Die neue Familiensituation als Ehefrau und Mutter bedeutete für sie auch eine große Umstellung des eigenen Lebens.

Marlène

Absolut. Wenn man ins Ausland umzieht, bedeutet das Veränderungen. Dazu gehören Sprache und Kultur. Aber das Wichtigste, glaube ich, ist die Veränderung der eigenen Lebensumstände. Und das ist eigentlich, was am schwierigsten zu meistern ist.

Nathalie

Als ich zunächst für ein Jahr hier war, wollte ich nur deutsch sprechen und überhaupt keine Franzosen kennenlernen. Doch jetzt freue ich mich, dass es sich so ergeben hat und ich mit Marlène befreundet bin.
Es geschah 1998:
Ich hatte gerade geheiratet und ging mit meinen Eltern durch den Ort spazieren. Vor der Post trafen wir Marlène, die ich bis dahin nicht kannte. Sie sprach mit ihren beiden Jüngsten, den Zwillingen, französisch. Deswegen haben wir

sie angesprochen. Daraufhin sahen wir uns mal, hatten aber keinen näheren Kontakt und verloren uns aus den Augen.

Seit einiger Zeit arbeiten Marlène und ich zufällig in derselben Firma in Delmenhorst. Es gibt dort verschiedene Nationalitäten von Menschen, die in Deutschland aufgewachsen sind. Und wenn wir allein sind, sprechen wir natürlich französisch.

Marlène

An dieses erste Gespräch vor der Post kann ich mich zwar erinnern, wusste aber nicht mehr, dass auch Nathalie dabei war. In näheren Kontakt kamen wir erst in der Firma.

Das verstehen die Deutschen manchmal nicht, dass man nicht alle Menschen kennt, die aus Frankreich kommen und hier leben. Von den 50 Millionen Franzosen soll ich ausgerechnet diese Person kennen!

Dragica

Es ist nicht zwingend, dass man befreundet ist, nur weil man aus demselben Land kommt. Viele Leute meinen das, aber es ist ein Irrglaube! Während des Jugoslawienkrieges kamen auch Bosnier nach Ganderkesee. Natürlich freute ich mich, dank meiner Funktion nun in meinem Dienstzimmer meine Muttersprache hören und sprechen zu können. Nur wenige Personen lernte ich so kennen, dass freundschaftliche Beziehungen entstanden. Dazu gehört ja mehr als die gemeinsame Sprache und Nationalität. Auch hatte ich schon lange eigene Freunde hier.

Alles andere war eben Dienst.

Marlène

Ich muss sagen, dass ich es genieße, französisch zu sprechen. Wir haben einen Kollegen in der Firma, der aus Afrika kommt, mit dem ich mich oft französisch unterhalte.

Wenn es nun im Laufe der Zeit gelingt, das Leben in der neuen Umgebung und in der Familie zu akzeptieren und zu gestalten - selbst, wenn es sich anders entwickelt als geplant - dann hat man eine große Chance, sich wohlzufühlen und ein Zuhause zu finden.

Zuhause in Ganderkesee

Dragica

Also mit dem Zuhause ist es eine besondere Sache.

Ich lebe schon so lange hier. Ganderkesee ist mein Zuhause. So empfinde ich das. Aber fast alle Bekannten fragen mich, sobald der Sommer kommt: „Fährst du in diesem Sommer nach Hause? Oder, warst du schon zuhause?" Wo ist also mein Zuhause?

Im Allgemeinen sagt man, da wo man geboren ist, ist man zuhause. Also ich empfinde das nicht mehr so. Ich besuche sehr gerne Bosnien, weil ich die Landschaft und die Natur liebe. Fragt man mich, sage ich aber, dass ich aus Ganderkesee komme.

Ich bin zwar in Bosnien geboren, aber ich komme aus Ganderkesee. Anscheinend ist das in jedem Land so, dass die Menschen meinen, wo man geboren ist, da ist man zuhause.

Der Begriff „Heimat" bezieht sich nach einer modernen Definition auf den Geburtsort, besonders, wenn man dort sozialisiert wurde, also seine Kindheit und Jugend verbrachte. Das Zuhause ist dagegen der Ort, an dem man sich wohlfühlt, wo man sein Leben verbringt. Die Menschen heute sind mobiler als in den vergangenen Jahrhunderten und können sich durchaus ein „neues Zuhause" suchen. Diesen Anspruch auf Heimat und das Gefühl, das damit verbunden ist, hat sich bei vielen geändert.

Dragica

Ich habe in Rom in einer Sprachschule italienisch gelernt. Natürlich kamen bei der Vorstellung immer die Fragen: "Wie heißt du? Woher kommst du?" Das brachte mich beim ersten Mal richtig ins Schleudern. Ich habe dann erzählt, ich komme aus Ganderkesee in der Nähe von Bremen, bin aber in Bosnien geboren. Ein Lehrer wollte das absolut nicht so annehmen. Irgendwann hat er zu den anderen Teilnehmern bemerkt: „Dragica, die quasi Deutsche".

Also woher komme ich? Wenn ich in Italien bin und danach gefragt werde, gibt es nur eine Antwort: „Ich komme aus Deutschland - nicht aus Jugoslawien. Deutschland ist mein Zuhause. Ich besitze auch einen deutschen Pass."

Stolpersteine bei der Eingliederung: Gesetze

Nathalie

Ich habe meinen ganz normalen französischen Pass.

Marlène

Ich habe auch meinen französischen Pass. Ein deutscher Pass, was sollte das bringen? Wir leben doch in der EU.

Trotzdem, als ich 1991 nach Deutschland kam, war diese Anmeldeprozedur bei der Ausländerbehörde ziemlich langwierig.

Obwohl ich eine Arbeitsstelle hatte, musste ich mich zuerst jeden Monat, dann alle 3 Monate, dann nach 6 Monaten im Ausländeramt melden. Mittlerweile besitze ich eine unbefristete Aufenthaltsgenehmigung. Aber damals habe ich mich gewundert, dass ich so viele Male zum Amt gehen musste.

Nathalie

Unsere Tochter hat beide Staatsangehörigkeiten.

Marlène

Und kann sie beide behalten?

Dragica

Bis zum 24. Lebensjahr muss sie sich für eine entscheiden.

Das ist wirklich im Moment häufig im politischen Gespräch, weil es viele Menschen gibt, die das unzeitgemäß finden. Die Kinder werden geradezu genötigt, sich zu entscheiden! Wenn sie das 21. Lebensjahr beendet haben und sich nicht entscheiden, verlieren sie später automatisch die deutsche Staatsbürgerschaft. Deshalb sollte man unbedingt schon frühzeitig - wenn man 18 Jahre ist - bei der Ausländerbehörde vorsprechen und das besprechen, was man möchte. Es kann manchmal wichtig sein z.B. bei Erbschaften.

Marlène

Das wusste ich nicht!

Also das ist aber eine wichtige Sache.

Ich denke, dass meine Töchter sich doch eher als Deutsche fühlen, denn sie sind hier groß geworden. Sie beherrschen die deutsche Sprache besser als die französische - obwohl sie sehr gut französisch sprechen. Wenn sie nun auf die französische Staatsangehörigkeit verzichteten; vielleicht erscheint es dumm, aber ich bräuchte bestimmt Zeit, um damit fertig zu werden.

Die Große Koalition hat 2014 das Gesetz zur Staatsbürgerschaft geändert. Für die Kinder unserer Gesprächspartnerinnen galt bis dahin das Optionsmodell. Sie konnten beide Staatsangehörigkeiten innehaben und mussten sich für eine bis zum 24. Lebensjahr entscheiden. Das ist aufgehoben. Sie dürfen beide behalten (doppelte Staatsbürgerschaft).
Kinder mit einem deutschen und einem ausländischen Elternteil, die seitdem in Deutschland geboren wurden, haben nach dem Abstammungsprinzip beide Staatsbürgerschaften und können sie problemlos behalten.
Aber auch die ausländischen Elternteile, die aus EU-Staaten kommen, können sich einbürgern lassen und problemlos ihre ursprüngliche Staatsangehörigkeit behalten, sofern ihre Heimatländer deutsche Einwanderer genauso behandeln.

Wie geht es weiter? Die nächste Generation

Nathalie

Meine Tochter ist ja erst fünf Jahre alt. Ich denke, dass sie mehr Deutsche als Französin ist. Ja, sie spricht mal französisch, mal deutsch, je nach Laune. Sie weiß, mit wem sie französisch sprechen muss, weil sie sonst nicht weiterkäme. Wenn meine Eltern, die kein Deutsch sprechen, durch die Tür gehen, schaltet sie sofort auf Französisch um. Mit mir redet sie meist deutsch, weil sie weiß, dass Mama sie versteht. Aber sie spricht beide Sprachen gut.
Wenn sie erstmal in die Schule geht, dann will sie bestimmt so wie die anderen Kinder der Gruppe sein.

Marlène

Also das war bei Anna ganz krass. Als sie in die Schule kam, wollte sie absolut kein Französisch mehr mit mir sprechen. Sie wollte ein deutsches Schulkind sein wie alle anderen. Frau B., ihre Klassenlehrerin, interessierte sich sehr für die französische Kultur und wollte gern, dass Anna ein französisches Lied singen sollte und hat das Französische immer hervorgehoben. Aber Anna mochte das überhaupt nicht.

Nathalie

Ich kenne das! Mein Vater ist Italiener. Als Kind wollte ich nie Halb-Italienerin sein! Ich wehrte mich, italienisch zu sprechen. Das kam erst später. Aber mein Vater hat trotzdem mit mir italienisch gesprochen, und jetzt bin ich froh, dass ich es gelernt habe.

Abschluss und Überleitung

Dragica

Unser Gespräch ist ganz besonders verlaufen. Wir haben uns über grundsätzliche Themen unterhalten, die auftreten, wenn man die Kulturen und Sprachen tauscht. Selbst wenn diese sehr ähnlich sind, gibt es Probleme, die die Einheimischen nicht kennen.

Leute aus Russland, auch wenn sie deutschstämmig sind, haben viele Jahrzehnte in und mit einer fremden Kultur gelebt. Ihre Schwierigkeiten sind wieder andere, wenn sie hierherkommen. Das Verständnis für das „neue Zuhause" ist ein Prozess, der manchmal nach vielen Jahren noch nicht abgeschlossen ist. Wahrscheinlich gelingt es erst der nächsten Generation, die hier aufgewachsen ist.

Und wie gelingt es der nächsten Generation?

Dazu gehen wir in den Ortskern. Im italienischen Eiscafé treffen wir Maria, die Italienerin und Giuliano, ihren Sohn.

Maria ist als junge Frau eines italienischen Gastarbeiters nach Ganderkesee gekommen. Sie lebt mit ihrer Familie schon fast 20 Jahre hier. Giuliano ist der Drittälteste von vier Geschwistern.

Und er erzählt uns bereitwillig über sein Leben mit zwei Kulturen.

Das Gespräch mit Giuliano führte Astrid Fuchs (2012).

Ich heiße Giuliano, ich bin in Deutschland geboren und bin 11 Jahre alt. Ich besuche die 4. Klasse der Grundschule in Falkenburg.

Gerade hat deine Familie die Sommerferien in Italien verbracht. Fällt dir auf, was hier anders ist als in Italien?

Hier gibt es viel mehr Grün als in Italien. Wir sind ja auch ganz unten, südlich in Italien, und da ist es viel wärmer. Die Menschen sind jetzt nicht so richtig anders, auch wenn sie eine andere Sprache reden. Ich spreche dort italienisch, und für mich ist das kein Unterschied.

Ja, ich habe einen italienischen Cousin, mit dem ich gerne spiele, weil er fast das gleiche Alter hat wie ich, nur ein Jahr jünger. Wir spielen zusammen, und dann übernachte ich auch oft bei ihm. Es ist immer so witzig mit ihm. Er hat viele Tiere, die er mir zeigt. Für mich sind das tolle Ferien.

Und wie geht es dir, wenn die Ferien zu Ende sind?

Dann freue ich mich auf Deutschland.

Am Anfang macht die Sprache in meinem Kopf - klapp! Das verändert sich und ist ein bisschen schwer, aber dann spreche ich richtiges Deutsch.

Wir sind durch die Schweiz und Süddeutschland zurückgefahren. Ich dachte, alle Menschen sprechen deutsch. Aber sie sprechen dort anders. Sie sprechen „gefärbtes Deutsch"!

Sag mal, Giuliano, wie fühlst du dich: Mehr als Italiener oder mehr als Deutscher?

Äh, das ist unterschiedlich. Jetzt rede ich mit dir, jetzt spreche ich die ganze Zeit nur deutsch, dann bin ich Deutscher.

Wenn ich in Italien bin, dann fühle ich, als wäre ich in Italien geboren. Wenn ich bei Oma und Opa wohne, fühle ich mich italienisch, eben als Italiener.

Du kannst zwischen diesen beiden Ländern hin- und herwechseln.
Und du lernst zwei Sprachen. Das können nicht alle Kinder in deiner Klasse!
Ich finde das toll!

Giulianos Eltern sind beide Italiener. So bekommt er automatisch die italienische Staatsangehörigkeit. Da er in Deutschland geboren ist und hier aufwächst, gilt für ihn das „Geburtsortprinzip" (seit 2000). Er kann die deutsche Staatsangehörigkeit beantragen. Also auch er hat die Möglichkeit der doppelten Staatsbürgerschaft.

Ein Wort zuvor
Begegnung mit ausländischen Kindern – als Lehrerin

Es war schon ungewöhnlich, dass ich meine 1. Stelle als Lehrerin 1968 in Ganderkesee antrat. Niemals zuvor hatte ich Norddeutschland besucht. Und als wir, mein Mann und ich, gerade verheiratet, durch Ganderkesee spazierten, sahen wir junge ausländische Menschen verschiedener Hautfarben. Sie besuchten das Goethe-Institut in Bookhorn. Wir waren fremd hier, und sie waren sicherlich sehr fremd hier. So beschlossen wir, Kontakt aufzunehmen. Doch bevor uns das gelang, schloss das Goethe-Institut seine Pforten in Ganderkesee und die „Ausländer" verließen den Ort.

Durch meine hiesigen Schulkinder lernte ich im Laufe der nächsten Jahre die norddeutsche Mentalität kennen und schätzen. Wenige türkische Schüler und Schülerinnen erforderten besonderes Verständnis und pädagogisches Handeln. Meistens waren sie nur kurzfristig in unseren Klassen. Ein einziger meiner türkischen Schüler und seine Familie blieben hier und wurden mit Schule und Ort vertraut.

Aber dann am Ende der 70er Jahre saß das erste aramäische Kind in meiner Klasse, und mein Interesse für diese unbekannte Kultur erwachte. Der kleine ehrgeizige Junge fiel mir besonders auf, und ich versuchte, ihn zu fördern mit den verfügbaren Möglichkeiten: Im Unterricht und außerhalb – amtlich und ehrenamtlich.

Eine Mitarbeiterin im Schulkindergarten nahm sich des Kindes an wie eine liebevolle Großmutter und vermittelte ihm, was er in seinem Elternhaus nicht erfahren konnte: Grimms Märchen – Blockflöte – Hausaufgabenbetreuung – uvm. Mit diesem „deutschen" Hintergrund und einer langjährigen Begleitung war der junge Aramäer in der Lage, das Gymnasium zu durchlaufen und erfolgreich ein Medizinstudium zu absolvieren. Sein Weg war bahnbrechend für die Kultur der Aramäer:

Vom Bauern im Tur Abdin zum Hochschulabsolventen in Deutschland.

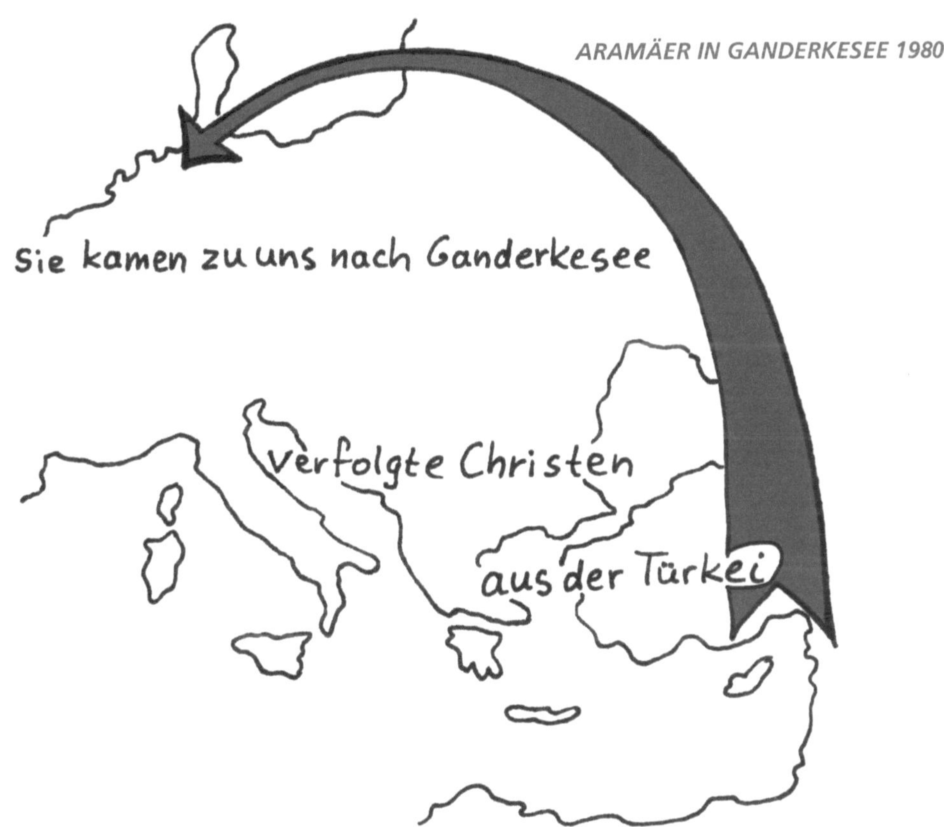

Ein Stück Zeitgeschichte

Orient trifft auf Okzident

Und sie kamen zu uns...
...Christen aus dem Tur Abdin
Aramäer in Ganderkesee

CHRISTEN IM TUR ABDIN - IM SÜDOSTEN DER TÜRKEI

Die Römer nannten das Plateau zwischen Tigris und syrischer Grenze „Berg der Knechte". Im 4. Jahrhundert siedelten sich dort Christen an. Sie gehörten zur westsyrischen Kirche, heute bekannt als syrisch-orthodoxe Kirche von Antiochien mit dem Oberhaupt (Patriarchen) in Damaskus. Der Abstammung nach waren sie Semiten und sprachen aramäisch, die alte orientalische Sprache, die in Kleinasien schon zurzeit Jesu weit verbreitet war.

Die Menschen des Tur Abdin erlebten ihre Religion als tragende Wurzel ihres Daseins und blieben ihr treu verbunden. Im Laufe der Jahrhunderte entstanden viele Klöster und Kirchen, weswegen sich die Bezeichnung „Berg der Knechte" in „Berg der Knechte Gottes" wandelte.

Über 1000 Jahre besaßen die Christen eine Vormachtstellung in ihren Siedlungsgebieten am Tigris. Durch veränderte politische Gegebenheiten, innerkirchliche Streitigkeiten und die Islamisierung wurden sie allmählich zu einer Minderheit. Immer schwieriger wurde ihre Lage nach dem 1. Weltkrieg und in neuerer Zeit durch die Verdrängung der Kurden aus dem Irak. Den kurdischen Nomadenstämmen waren die Wandermöglichkeiten genommen, und sie rückten in die Osttürkei nach. Es wird berichtet, dass Kurdensippen die Felder verwüsteten, die Ernte plünderten, junge Mädchen entführten und vieles mehr. Die türkische Polizei protokollierte zwar diese Zwischenfälle, aber sie griff nicht ein.

Obwohl die Christen Landwirtschaft, Handel und Handwerk betrieben, war das tägliche Leben in den Dörfern hart. Es gab bis in die 90er Jahre keine Wasserleitung, keine Elektrizität und keine ärztliche Versorgung. Die Familien hatten viele Kinder, die schon früh auf den Feldern und als Hirten mithalfen. Trotzdem war es durchaus üblich, dass ein Sohn – meist der älteste - für einige Jahre eine Klosterschule besuchte.

In den 60er Jahren wurde ein deutsches Anwerber-Büro für Gastarbeiter im Tur Abdin eröffnet, und damit begann der Exodus der Männer nach Deutschland – bis nach Delmenhorst. Bald erschien es den zurückgebliebenen Familien im Tur Abdin verheißungsvoll, ihren Männern, Söhnen oder Verwandten in die christliche Bundesrepublik zu folgen.
Ab 1980 wurde das Asylrecht von den Verwaltungen viel restriktiver ausgelegt. Trotzdem blieb der Abwanderungstrend weiterhin bestehen. Die Einwanderer ahnten nichts von den bevorstehenden Schwierigkeiten hier mit dem Asylverfahren, Lagerleben, der Arbeitslosigkeit und eventueller Ausweisung.

Im Zuge dieser Auswanderungen kamen zunächst junge Männer als Gastarbeiter und seit 1978 auch aramäische Familien nach Ganderkesee. Die Berichte eines damals noch sehr jungen Mannes und einer Familie zeigen exemplarisch, wie das Einzelschicksal dieser Personen die Zeitgeschichte widerspiegelt.

Berührungen

Als in den 80er Jahren immer mehr aramäische Kinder ohne Deutschkenntnisse in unseren Grundschulklassen saßen, musste ich als Lehrerin in verschiedenen Richtungen handeln: Pädagogisch, um den Unterricht für sie zu gestalten und sozial, um Kontakte mit dem Elternhaus herzustellen.

Im August 1982 wurde in der VHS Ganderkesee ein „Kursus zum kulturellen Austausch deutscher und aramäischer Frauen" angeboten. Ich meldete mich an, in der Hoffnung, den Müttern meiner Schulkinder zu begegnen. Zunächst begegnete mir allerdings als weitere deutsche Teilnehmerin meine Nachbarin Marlies Meyer.
Unerwartet fanden wir beide und noch etliche andere deutsche Frauen zusammen und sahen uns einer Gruppe aramäischer Frauen gegenüber:

Älteren mit weiten, langen Kleidern und Kopftüchern, wie unsere Großmütter sie getragen hatten und jungen Mädchen in modischer Kleidung mit langen schwarzen Haaren und sichtlich gut zurechtgemacht.
Es waren Mütter in Begleitung ihrer ältesten Töchter, letztere hatten die Aufgabe, mit ihren, wenn auch noch geringen Deutschkenntnissen zu dolmetschen.

Die Kursleiterin ermutigte uns, sich gegenseitig vorzustellen: Vorname, Familienstand, Kinderzahl, Alter, Wohnung und ähnliches.
Der Austausch gelang mit lebhaftem Körpereinsatz. Zum nächsten Treffen wollten wir die Vorstellung konkreter werden lassen und Familienfotos mitbringen.
Mein Gegenüber bei diesem ersten Treffen war Nazire, 16 Jahre damals. Ich bewunderte ihre hübschen Ohrringe, und wir beide tauschten untereinander jeweils einen Ohrring bis zum nächsten Mal…
Es sollten viele nächste Male werden, und es entstanden Verknüpfungen, die wir damals nie erahnt hätten!

Im Laufe eines ganzen Jahrzehnts lernten wir ihre Familien, ihre Geschichte, ihre Kultur und den Grund der Einwanderung kennen.

Begegnungen

Am Anfang war es anstrengend, sich auszutauschen, denn wir waren uns sehr fremd. Wir, die deutschen Frauen, alle gut ausgebildet, vielfach berufstätig und meistens in einer Familie mit zwei, höchstens drei Kindern zuhause. Sie, die aramäischen Frauen, die für eine große Familie – vier bis acht Kinder waren normal - als Hausfrau sorgten und keine Schule besucht hatten.

Doch durch gemeinsames Tun lernten wir uns kennen. Zum Beispiel kochten wir zusammen in der großen Schulküche und waren beeindruckt, dass die aramäischen Frauen ohne Probleme für 20 Personen Mahlzeiten zubereiten konnten. Sie waren gewohnt, ihr eigenes Fladenbrot zu backen, aus vielen Litern Milch Käse herzustellen und aus wenigen Zutaten mit auffällig viel Handarbeit wunderbar schmackhafte Gerichte zu kochen. Von uns wollten sie unbedingt lernen, Torten zu backen. Die richtig gehaltvollen Festtagstorten fanden sie traumhaft!

Neben diesen Alltagsaktivitäten wurden auch ganz andere Themen auf unseren Zusammenkünften besprochen. Fachleute berichteten über Medizin und Ärztebesuch, über Kindererziehung und die soziale Stellung der Frau bei uns. Wir organisierten gemeinsame Ausflüge nur für Frauen. Zum ersten Mal sahen sich Väter mit der Aufgabe betraut, ihre kleinen Kinder zu beaufsichtigen, während die Mütter eine Bustour unternahmen. Einmal kehrten wir am späten Nachmittag zurück und entdeckten vom Bus aus einen aramäischen Ehemann, der mit seinen Kindern an der Hand spazieren ging. Spontan applaudierten die aramäischen Frauen. Sie genossen ihre neue Freiheit.

Besonders gern feierten wir zusammen Feste.

Gastfreundschaft und Bewirtung ist die große Stärke der aramäischen Frauen, und wir Deutschen fühlten uns so richtig wohl in den Großfamilien. Zu unserem Erstaunen halfen die jugendlichen Söhne eifrig beim Servieren.

Mit der Zeit entstanden freundschaftliche Beziehungen zwischen deutschen und aramäischen Familien, die bis heute bestehen.

Zwei Frauen aus unserem Kurs berichten hier von den Anfängen ihres Lebens in Ganderkesee, zwei weitere, zwei Schwestern, die als Kinder (2. Generation) hierherkamen, schildern ihr Schulleben und reflektieren ihre Beziehung zur alten und neuen Heimat.

Interview vom 31.10.2011

Familie V. stammt aus dem Tur Abdin

Frau V., *Mutter* - **Gösde**, *jüngere Tochter* - **Hanife**, *ältere Tochter*

Gliederung:

Leben im Tur Abdin in den 70er Jahren

Auswanderung

Schulbildung für die beiden Töchter

Leben im Ort Ganderkesee

Rückblick: „Türkisches Gerede"

Tuen kommt nach Ganderkesee und heiratet Ugur

Leben im Tur Abdin in den 70er Jahren und Abwanderung nach Deutschland

Frau V. berichtet

Mein Mann und ich und unsere 6 Kinder lebten in der Nähe der Stadt Midyat in einem kleinen aramäischen Dorf namens Kfärs und waren Bauern. Wir besaßen Land, Ziegen und Schafe. Vieles für den täglichen Bedarf stellten wir selbst her, einiges wurde auch gekauft. So konnten wir ganz normal leben. Auf unserem Grundbesitz standen mehrere Häuser, in denen Verwandte wohnten. Wir lebten in unserem Haus in einem großen Raum. Darin hat man gegessen, geschlafen, gewohnt, alles hat man in dem Raum gemacht.

(Dann aber begann ab 1960 die große Abwanderung der Männer als Gastarbeiter nach Deutschland, Belgien, den Niederlanden und Schweden.)

Viele von den nahen Verwandten waren in den 70er Jahren schon ausgewandert. Und wir Zurückgebliebenen wurden von den Kurden massiv unter Druck gesetzt. Wir mussten sie sozusagen miternähren. Das ging nur bis zu einer gewissen Grenze, aber selbst wenn man nichts mehr geben konnte, musste man weitermachen. Manche aramäische Bauern wurden auch von den Kurden vertrieben. Das ist bis heute ein Thema geblieben, denn die Kurden wollen diese Ecke Südostanatolien/Syrien besetzen, was sie zum Teil auch erreicht haben.

Auch deswegen gab es kriegerische Spannungen zwischen dem türkischen Staat und den Kurden. Ja, und wir Christen saßen mittendrin. Keiner wollte uns, keiner schützte uns. Es war eine gefährliche Zeit, sogar junge Mädchen wurden verschleppt und mit Moslems zwangsverheiratet.

Viele Verwandte sind als Gastarbeiter weggegangen. Am Anfang kamen sie noch zurück, ein paar Mal hintereinander, und dann sind sie in Deutschland geblieben. Durch Mund-zu-Mund-Propaganda hörten wir von ihnen, dass es dort Arbeit und Sicherheit gab.

Mein Mann ist im April 1979 nach Delmenhorst gegangen und fand sofort – nach 3 Tagen – Arbeit in der Wollkämmerei.

Im November bin ich mit den 6 Kindern nachgezogen. Wir nahmen nur mit, was wir tragen konnten, alles andere blieb dort.

Bisschen schwer, bisschen nicht schwer. Manchmal gut. (**Frau V.**)
Die beiden Schwestern Gösde und Hanife waren 6 und 10 Jahre alt, als sie hier ankamen. Sie erzählen über ihren Schulanfang in der neuen Heimat.

Gösde

Die ersten 3 Jahre wohnten wir in Schierbrok. Wir waren die einzigen Ausländer in diesem Dorf und wurden sehr freundlich und herzlich aufgenommen. Ich kann mich so gut daran erinnern. Ich ging in den Schulkindergarten.

Dort habe ich gleich die Sprache richtig gelernt - so ohne Dialekt oder Akzent. Dieses Hochdeutsch, das hat man von der Pike auf gelernt. Ich glaube, das war auch für die Deutschen neu, was Besonderes.

Unsere Grundschullehrerin hat sich sehr viel um uns gekümmert. Und dementsprechend lernte ich als Kind schnell. Ich wurde dann auch gleich in eine deutsche Grundschule eingeschult.

Hanife

Bei mir, wie soll ich es ausdrücken, war es etwas anders. Also zuerst habe ich die 1. Klasse besucht, weil ich ja kein Deutsch konnte. Dann bin ich von der 1. Klasse in die 4. Klasse gesprungen. Diese musste ich noch einmal wiederholen. Doch anschließend habe ich die Hauptschule bis zur 9. Klasse normal durchlaufen. Nach der 9. Klasse bin ich abgegangen – mit 18 Jahren. Anschließend habe ich geheiratet. Das war ein großer Fehler. Aber das konnte ich damals nicht sehen.

Für Gastarbeiter und/oder Asylbewerber gab es in dieser Zeit keine verpflichtenden Deutschkurse. Es blieb jeder einzelnen Person überlassen, wie sie sich ihre Sprachkenntnisse aneignete. Für die Mütter in den ausländischen Familien war es besonders schwer, Kurse oder Zusammenkünfte mit Einheimischen zu besuchen. Deshalb waren unsere Treffen für sie ein Glücksfall.

Schulkinder wurden nicht altersgemäß eingeschult, sondern nach dem Stand ihrer deutschen Sprachkenntnisse. Waren diese nicht vorhanden, fingen sie bei Klasse1 an. So musste Hanife ihre deutsche Schullaufbahn mit vier- bis fünfjähriger Überalterung durchlaufen. Lernfreude und gleichaltrige Freundinnen hat sie wohl nie erfahren.
Doch sie ist trotzdem ehrgeizig und fleißig und arbeitet seit vielen Jahren in der Gastronomie, leider nur in ungelernten Jobs.

Gösde, die jüngere Schwester, hatte mehr Glück. Sie besuchte eine Vorklasse und konnte mit bereits vorhandenen Deutschkenntnissen eingeschult werden. Sie hat die Realschule nach der 10. Klasse abgeschlossen und eine anspruchsvolle Ausbildung erfolgreich beendet. Seitdem arbeitet sie in einem angesehenen Labor. Dort lernte sie auch ihren deutschen Ehemann kennen.

Leben im Ort Ganderkesee

Frau V.

Als wir nach drei Jahren in den Ort Ganderkesee zogen, wohnten dort schon mehrere aramäische Familien. Ich war zwar immer zuhause und habe meine Arbeit gemacht.

Aber wir wurden überall gut aufgenommen, besonders von Frau Meyer und allen in dem Frauenkreis. Dadurch haben wir uns immer wohlgefühlt.

Dann gibt es jetzt auch die aramäische Kirchengemeinde. Dort treffen wir viele Bekannte, besonders in unserem Alter.

Hanife

Ich finde, wir hatten nie richtig große Schwierigkeiten – außer bei der Wohnungssuche.

Zuerst wohnte ich in einer großen Wohnung, dann suchte ich eine kleinere - eineinhalb Jahre lang: Alleinerziehend, 2 Kinder… Ich besitze einen deutschen Pass, aber darum geht es gar nicht. Wenn ich meinen Namen sage, merken die Vermieter, dass ich aus dem Ausland komme.

Also normalerweise, wie soll ich es ausdrücken, fühle ich mich als Aramäerin, aber trotzdem nicht als Ausländerin, als deutsche Aramäerin eben! Ich war damit immer zufrieden. Meine Kinder, die fühlen sich mehr deutsch. Noch sprechen sie aramäisch mit mir und den Verwandten. Doch sie wollen nicht in die aramäische Kirchengemeinde gehen; nur ab und zu an bestimmten Feiertagen, dann nehmen wir teil. Ich hätte gerne meinen Sohn zum aramäischen Unterricht geschickt. Aber der wollte nicht. Und dann dachte ich, dass er schon übervoll ist mit Lernen. Der soll die Schule auf die Reihe bekommen, damit er nicht sitzenbleibt.

Und meine Tochter ist nicht so, dass sie mal rausgeht.

Gösde

Ich versuche für meine Eltern eine Wohnung bei privaten Vermietern zu finden, denn in ihrer jetzigen Wohnung berechnet die Wohnungsbaugesellschaft so viele Nebenkosten. Das ist nicht normal und vieles unverständlich.

Auf jeden Fall suche ich schon seit längerer Zeit. Ich sage sogar, dass ich für meine Eltern bürge, dass die Miete von meinem Konto eingezogen werden kann. Ich kann meinen Arbeitsvertrag vorlegen, trotzdem vermieten sie nicht an uns. Ich weiß nicht warum. Ich sage auch immer ehrlich, dass die Eltern kein eigenes Einkommen haben. Sie beziehen Alterssicherung über die Gemeinde. Alles ist abgesichert, aber sie nehmen uns nicht. Das machen sie einfach nicht! Daran erkennt man schon die Vorbehalte gegenüber uns. Ja, ich denke, meine Eltern sind ganz ruhig, aber die Deutschen haben Angst, dass es viele Kinder gibt, und wenn die ständig zu Besuch kommen, dann wird es laut.

Rückblick

„Türkisches Gerede" (Frau V..)

Gösde

Letztes Jahr war ich in der Türkei zum Urlaub. Ich bin mit gemischten Gefühlen hingefahren. Man traut sich nicht so richtig, denn man weiß nicht, wie die Behörden reagieren. Man reist mit deutschem Ausweis, aber türkischem Namen. Das war für mich eine neue Erfahrung.

Oh, ich hab manchmal daran gedacht, ich würde auch gerne mal zurück in die Heimat, in unser Dorf. Aber als Frau geht das nicht. Wenn - dann nur mit einer Gruppe, in der auch Männer sind.

Alleine als Frau kann man das nicht wagen.

Meine Eltern denken oft zurück, das merkt man auf alle Fälle. Wenn sie im Fernsehen Bilder (der Heimat) sehen, dann zeigen ihre Gesichtsausdrücke, dass sie sicherlich ihre Wurzeln da noch suchen. Aber dort zu leben, war zu dem Zeitpunkt, als wir weggingen, unmöglich und ist es auch heute noch.

Und es lebt niemand mehr da in den Dörfern, keine nähere Verwandtschaft. Es gibt Kurden, Moslems und andere Nationalitäten, die einen schon früher nicht akzeptiert haben. Man wäre im eigenen Haus ein Fremder, also fremd in dem Land, in dem man aufgewachsen ist. Freunde und Verwandte sind alle hier.

Damals als Kinder haben wir uns darüber keine Gedanken gemacht. Wir haben die Schwierigkeiten ja nicht so erlebt wie die Eltern.

Aber wenn sie die Möglichkeiten hätten, dass sie dort sicher leben könnten, kann ich mir vorstellen, dass viele trotzdem wieder zurückgehen würden. Doch das ist einfach unmöglich. Sie wissen das jetzt, auch für die Zukunft. Es wird einem zwar vieles von der türkischen Behörde zugesagt und versprochen, aber die Erfahrung belehrt einen anders. Man reist hin wie ein Tourist, aber man hat nicht mehr das Leben, das man vorher hatte, als man dort wohnte.

Hanife

Übrigens in der Türkei war ich nie wieder, meine Kinder auch nicht. Wahrscheinlich müsste man gerichtlich vorgehen, um seinen Besitz zu sichern. Denn man ist irgendwo als Eigentümer registriert. Im Moment wohnt niemand mehr auf unserem Grundstück. Der eine oder andere Cousin wollte dort wieder etwas aufbauen. Ich weiß jetzt nicht genau, ob sie es tatsächlich gemacht haben. Wie gesagt, wer die Möglichkeit hat, kann es zwar tun, aber ich würde jedem davon abraten. Leben kann man dort trotzdem nicht. Selbst dann nicht, wenn man genügend Schutzgeld bezahlt. Es ist zu gefährlich.

Das Interview mit Tuen fand 2012 statt
Tuen kommt nach Deutschland und heiratet Ugur

Ich heiße Tuen und stamme auch aus dem Mardin, aus dem Dorf Sare. Ich war 13 oder 14 Jahre, als ich mit meinen Eltern nach Deutschland, d.h. nach Paderborn, eingereist bin. Meine Brüder und meine Schwester waren schon hier. Also war das nicht so schwierig für mich. Ich bin die Jüngste in der Familie, meine viel älteren Brüder hatten schon den Militärdienst in der Türkei mit all seinen Schwierigkeiten absolviert, bevor sie als Gastarbeiter nach Deutschland gingen. Leider hat in Paderborn niemand darauf geachtet, dass ich zur Schule ging. Deshalb lernte ich erst mit meinen eigenen Kindern Deutsch und wurde nie richtig sicher in der Sprache.

Als ich mit meinen Eltern in Paderborn lebte, fuhren wir auch zu meiner Schwester. Sie war verheiratet und lebte mit ihrer Familie in Ganderkesee. Dort traf ich Ugur. Damals in der Heimat kannte er wohl meine Eltern, aber mich nicht. Ich war ja auch noch sehr jung. Wir haben uns also das erste Mal hier gesehen. Unsere Mütter sprachen miteinander über eine Verbindung zwischen uns - das ist eine Tradition - und wir haben uns kennengelernt. Ugur war ein paar Mal bei uns zu Besuch. Ja, und dann haben wir entschieden zu heiraten – 1982 - und hier in Ganderkesee zu wohnen. 1992 haben wir das Haus gebaut. Dazwischen lagen 10 Jahre, in denen ich immer bei den Kindern und zuhause war. Natürlich hatten wir Verwandte hier, mit denen ich zusammentraf. Aber es war manchmal langweilig für mich. Deshalb habe ich ganz viel gehandarbeitet und zwar gestickt. Es gibt alte traditionelle Kreuzstichmuster bei uns – alles in Ornamentik – mit denen wir Kissen, Decken, Hauben und auch Textilien für den Altarraum bestickt haben.

Einmal wurden viele dieser Handarbeiten in der Bücherei ausgestellt. Das hatte unsere Frauengruppe mit Frau Meyer organisiert. Nachdem die Kinder größer wurden, sagte die Älteste: „Mama, wenn Papa abends Stress im Restaurant hat, können wir doch alleine hier bleiben und Kinderfilme angucken oder Sachen erledigen. Dann kannst du zwei, drei Stunden zu Papa gehen und helfen!"
Sie waren gerne auch mal eine Zeit alleine. Die Älteste war so aufmerksam, so fleißig. Sie hat auf alle aufgepasst.

Vor einiger Zeit war ich sogar wieder in der alten Heimat, weil wir meine Mutter dort beerdigt haben. Das hatte sie sich kurz vor ihrem Tod gewünscht. Deshalb sind meine Geschwister und ich nach Sare gereist. Es war Oktober und kein einziger Aramäer wohnte im Dorf. Wir haben im Kloster geschlafen. Nur im Sommer leben Urlauber in ihren ehemaligen Häusern, die sie renoviert haben. Meine Schwester und mein Schwager gehören zu dieser Gruppe. Sie fahren jeden Sommer mehrere Wochen in die alte Heimat, trotzdem weigern sich ihre erwachsenen Kinder in dieses politisch unsichere Gebiet zu reisen.

Neben den fröhlichen und unbeschwerten Treffen in unserem Frauenkurs erfuhren wir auch von den Sorgen der aramäischen Familien. Engagierte Hilfe war notwendig.

Es gab vielschichtige Probleme im sozialen Bereich. Die Rollen wurden neu verteilt. Das anerkannte Familienoberhaupt, der Vater (häufig ohne Schulbildung), hatte es plötzlich schwer, sich gegen seine „wissenden" Kinder durchzusetzen. Diese wiederum fühlten sich den Eltern überlegen und übernahmen führende Rollen beim Einkaufen und bei Behördengängen.

Junge Mädchen heirateten immer noch – trotz unserer Erklärungen und Einsprüche – sofort nach Beendigung der Schulpflicht.
Doch besonders schwerwiegend waren die Schwierigkeiten im Zusammenhang mit den Asylverfahren. Dem waren wir als Begegnungsgruppe nicht gewachsen. Dazu benötigte es (fast) ein ganzes Dorf.

Und so entstand neben der Frauengruppe der
Förderkreis zur Unterstützung der syrisch-orthodoxen Christen in Ganderkesee

Dazu gehörten Personen aus Politik und Verwaltung, Kirchengemeinden und Organisationen und eine große Gruppe engagierter Bürger und Bürgerinnen aus der gesamten Gemeinde.

Die Ziele des Förderkreises waren:
Wohnungen zu finden
Integrationskurse zu etablieren
Hausaufgaben- und Sprachhilfen für die Kinder zu organisieren
Unterstützung der Asylanträge zu sichern
(sachliche, moralische und finanzielle Hilfe)
Endlich die hier angekommenen Aramäer sesshaft werden zu lassen und zu integrieren.

Anfang der 80er Jahre lebten 12 aramäische Familien mit ungefähr 60 Personen in Ganderkesee. Innerhalb von 10 Jahren wuchs ihre Zahl auf 245 Personen.

Sie alle kannten wenigstens einige Mitglieder des Förderkreises. Man kann sich die vielfältigen Möglichkeiten von Begegnungen zwischen einheimischen und aramäischen Bürgern, zwischen Amtsträgern und Privatpersonen, aber auch zwischen den deutschen Bürgern untereinander ausmalen.

Und wir bewegten viel...

Ein Höhepunkt unserer gemeinsamen Arbeit war sicherlich die Live-Sendung des NDR-Fernsehens mit Peter Gatter 1983, die hier in Ganderkesee in einer Schulaula aufgenommen wurde und heute noch auf YouTube zu sehen ist.

Das Thema:
Wie schafft es eine kleine Kommune, Asylanten aufzunehmen und zu integrieren?

Wir Frauen, aramäische und deutsche, besetzten einen Tisch, wurden befragt und konnten erzählen. Was aus persönlichem Interesse begonnen hatte, erhielt nun eine übergeordnete Gültigkeit. Unsere Erfahrung zeigte: Ein wichtiger Pfad der Integration läuft über die Familie, besonders die Frauen. Fremde brauchen ein einheimisches Gegenüber, um die neue Kultur zu verstehen; Einheimische brauchen Informationen und müssen dem fremden Gesicht einen Namen geben können.

Dies geschieht durch eine vorbildliche Sozialarbeit, in der Bürger und Bürgerinnen, Organisationen, Kirchen und Verwaltung sich gemeinsam für ein Gelingen einsetzen und die Neubürger bereit sind, sich auf die neue Lebensweise einzulassen.

Das folgende Interview zeigt die Biographie eines aramäischen Mitbürgers, der seit 1980 mit seiner Familie in Ganderkesee lebt. Damals war er 20 Jahre, heute ist er Großvater. Es ist – wie ich finde –eine Erfolgsstory.

Dieses Einzelschicksal spiegelt sehr deutlich eine Migration in unserer Zeit wider.

Das Interview fand 2012 mit Ugur statt.
Leben im Tur Abdin in den 70er Jahren

Ugur ist mein Name, und ich bin geboren in der Türkei, nahe der Stadt Mardin, Kreis Nusaybin, im Dorf Arbo. Arbo, das ist der syrisch-aramäische Name. Und Tasköy ist der türkische Name. Ich habe erst die türkische Vorschule (entsprechend unserer Grundschule) 5 Jahre lang besucht und 6 Monate später dann eine Klosterschule - also in einem aramäischen Kloster - in der Nähe von Mardin. Es gab bei uns zwei große Klöster: Deir az-Zafaran und Mor Gabriel.

Fast anderthalb Jahre habe ich dort meine Muttersprache gelernt. Also es gab drei Mönche im Kloster, und einer war unser Lehrer. Er unterrichtete uns in Aramäisch. Ich meine das richtige Aramäisch, nicht die Umgangssprache, sondern das alte Aramäisch in Wort und Schrift.

In den eigenen vier Wänden zuhause haben wir aramäisch gesprochen, aber es gibt viele Unterschiede in unserer Sprache je nach Gegend. Unsere Umgangssprache kann man lernen. Sie ist aber vermischt mit den türkischen Sprachen der Umgebung. Offiziell war es verboten, aramäisch zu sprechen, zu lernen und zu lehren…auch dieses Aramäisch, was ich spreche, ist Alltagssprache. Aber eine Sprache richtig sprechen zu können, das kann man nur in der Schule lernen - meiner Meinung nach – die Schrift sowieso.

(Ugur hat im Kloster sowohl das Altaramäisch, die uralte Sprache, die in der Bibel und im Gottesdienstritus festgehalten ist, gelernt als auch die Alltagssprache. Letztere, ein modernes Aramäisch, ist - abhängig vom Wohnort - stark mit den dort gesprochenen Sprachen vermischt.)

In diesem Kloster habe ich ungefähr eineinhalb Jahre gelebt. Wir waren 17 Schüler und wohnten auch dort. Nur zu Ostern und Weihnachten durften wir nach Hause. Man hat uns dann hingefahren - im Bus. Jeder wurde nach Hause gebracht, und nach ein paar Tagen wurden wir wieder abgeholt. Das war Anfang der 70er Jahre.

Etwas später, gab es große Probleme, politische Probleme während der Zypern-Krise. Irgendjemand hatte eine Anzeige erstattet, dass in diesem Kloster Fremdsprachen unterrichtet würden und Jugendliche zu einer Art Spione aus-

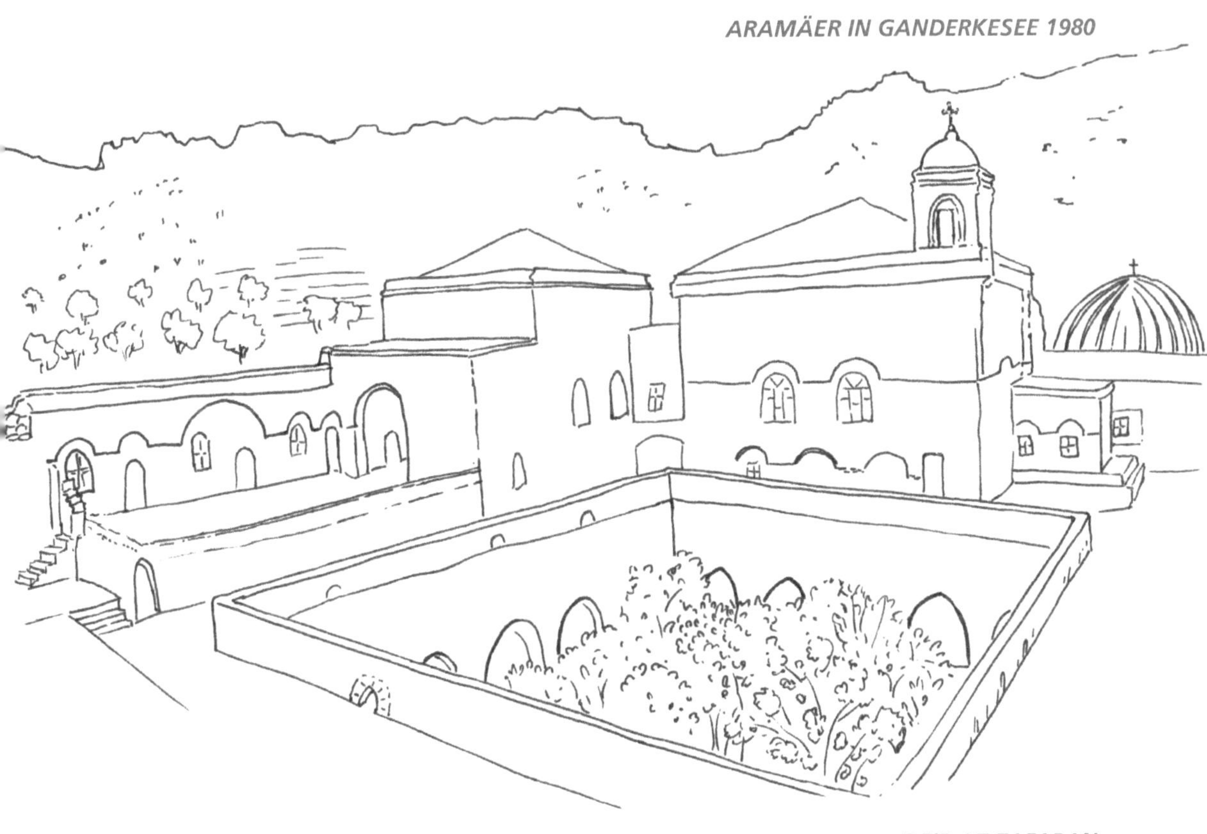

gebildet würden. Vom Kultusministerium kam der Befehl, sofort diese Schule zu schließen. Das wurde auch umgesetzt, und jeder musste nach Hause. Wir alle haben das Kloster verlassen müssen. Ich habe das als sehr schmerzlich empfunden, dass man uns nicht erlaubte, unsere Sprache zu lernen. Unsere Muttersprache!

Als ich in unser Dorf zurückkam, war ich 15 Jahre alt und habe mir überlegt: „Dörfliches Leben ist nichts für mich!"

Also ich muss weiter!

Etwas Anderes lernen! Ich wollte nach Istanbul, obwohl meine Eltern sich große Sorgen machten und meine Mutter sagte: „Wie kannst du nur nach Istanbul in die Hauptstadt gehen, 2000 km weit weg von Mardin?"

Abwanderung in die Hauptstadt

Und doch bin ich nach Istanbul gefahren. Ich hatte dort einen Onkel und konnte bei ihm wohnen.

Sofort habe ich in einem aramäischen Juwelierladen angefangen zu lernen (als Goldschmied). Man hat gelernt, gearbeitet, auch ein bisschen Geld bekommen. Woche für Woche mehr; je mehr man gelernt hat, desto besser hat man verdient. Drei Jahre lebte ich ungefähr in Istanbul. Ab und zu bin ich mal nach Hause gefahren, aber die meiste Zeit habe ich gearbeitet und etwas Geld gespart. Obwohl ich noch jung war, konnte ich trotzdem gutes Geld verdienen, weil ich meine Arbeit gut gemacht habe.

Damals fand ich heraus, dass wir Aramäer in diesem Land nicht alle Rechte bekommen. Und das hat mich gewaltig gestört. (Aramäer waren vom Staatsdienst und Studium ausgeschlossen.)

Für dieses Land wollte ich keinen Militärdienst leisten. Der sollte für Christen besonders schlimm sein; das haben alle erzählt, die ihn geleistet haben. Christen wurden als Menschen zweiter Klasse behandelt, misshandelt und manchmal sogar gefoltert. Für mich stand fest, dass ich das nicht wollte!

Wenn man 18 Jahre alt war, durfte man nicht mehr ausreisen, auch nicht als Tourist. Dann musste man sich beim Militär anmelden und wurde einberufen.

Ich wusste: Ich muss weiter.

Ausreise nach Deutschland/Asylantrag

Ich habe mich darauf vorbereitet, dass ich, bevor ich zum Militär einberufen werde, ins Ausland gehe und mir – mit 17 Jahren - einen Pass ausstellen lassen. Um ins Ausland zu reisen, musste man - so war das damals, heute ist es bestimmt anders - nicht volljährig sein, das heißt, mit 17 Jahren durfte ich alleine ausreisen.

Ich habe überlegt: „Es muss jetzt sein! Noch keine 18, aber auch kein Kind mehr. Jetzt kann ich alleine reisen!"

Dass ich nach Deutschland kam, war eher ein Zufall, denn eigentlich wollte ich weiter nach Schweden, weil meine Schwestern dort leben. Aber dann hat es sich anders ergeben. Hier hatte ich auch Bekannte und sogar Verwandte in Delmenhorst. Zuerst flog ich nach Frankfurt, dann weiter nach Bremen. Dort wurde ich von meinem Vetter abgeholt und nach Delmenhorst gebracht.

Ja, und dann war ich in Delmenhorst, das war Ende 1978. Also heute vor 34

Jahren habe ich einen Asylantrag gestellt.

Es war alles neu für mich. Ich hatte, Gott sei Dank, meinen Vetter mit seiner Familie. Nach zwei Wochen bei ihnen schickte mich das Arbeitsamt gleich zur Arbeit. Und ich suchte mir ein eigenes Zimmer.

Doch ja, es ging wirklich so schnell:

Also Asylantrag stellen bei der Ausländerbehörde, die mir dann eine befristete Aufenthaltsgenehmigung gab; damit gleich zum Arbeitsamt, das hat mir sofort die Firma vermittelt, die Mitarbeiter suchte. Es war die Wollkämmerei, in der ich fast drei Jahre gearbeitet habe.

Sprache – deutsch lernen

Nachdem ich die Aufenthaltsgenehmigung, die Arbeit und ein Zimmer hatte, hab ich mich gefragt: „So jetzt, wie geht es mit mir weiter? Wie will ich hier leben? Also Sprache lernen!"

Zuerst kaufte ich Wörterbücher. Da ich auch türkisch spreche: Türkisch-Deutsch, Deutsch-Türkisch und dann ab zur Volkshochschule. Dort habe ich Deutsch gelernt. Und zum Schluss, ich meine nach zwei Kursen, machten wir eine Zertifikatsprüfung. Und diese, glaube ich, bestand ich mit befriedigend. Darüber war ich sehr froh und glücklich! Ich habe überall versucht, zu sprechen und Bücher zu lesen, um zu sehen, wie das Wort richtig geschrieben wird. Mir war von Anfang an klar, wie wichtig die Sprache ist, wenn man etwas erreichen will. Dann habe ich meinen Landsleuten, die neu angekommen sind, sehr gerne und oft geholfen. Ich bin mit ihnen zu Behörden gegangen, zum Arzt; ja auch im Büro und in der Firma habe ich übersetzt.

Das vergesse ich nie; wir hatten einen Meister, der solch gebrochenes Deutsch mit uns gesprochen hat, damit die Türken ihn verstehen sollten: „Du gehen heute nach Hause!" „Was du machen heute?" Ich habe den Meister gebeten: „Tu mir einen Gefallen, rede so nicht mit mir! Sprich mit mir richtiges Deutsch, dann lerne ich es auch richtig!" Da guckte er mich an und sagte: „Hat mir noch kein Kollege von dir gesagt."

Das gibt es leider heute auch noch.

Nachdenken über das Auswandern

Also es ist ein Unterschied, ob man alleine kommt und niemanden hat - das ist schwer - oder ob man hier schon jemanden kennt. Das ist nicht ganz so fremd, und man ist nicht ganz so einsam. Also alleine habe ich mich nicht gefühlt, weil ich ja Verwandte hatte. Nur - **warum** ich hierhergekommen bin, das war das Entscheidende für mich.

In meinem eigenen Land nicht die Freiheit zu haben, leben zu können, wie man gerne leben möchte, nicht die Rechte zu bekommen, die die Mehrheit der Bevölkerung hat; das war für mich der Grund, der mich zu diesem Schritt bewegt hat. Von den Christen sind ja auch einige durch Folter umgekommen beim Militär. Warum werde ich wegen meiner Religion so behandelt?

Und deshalb habe ich gedacht: **Ich muss weiter,** ich muss ein anderes Leben sehen und andere Länder, in denen es Freiheit und Demokratie gibt. Und wo man dann auch, wenn man selber fleißig ist und was bewegen will, etwas bewegen darf.

Asylbewerber kommen nach Ganderkesee

In Delmenhorst ging die Firma (Wollkämmerei) nach 3 Jahren in die Insolvenz – und wir verloren unsere Arbeitsplätze. Dann wurde das Asylgesetz geändert, und wir durften nicht mehr arbeiten, solange wir nicht anerkannt waren.

Also musste ich warten. Mehrere Aramäer, ich auch, sind dann nach Ganderkesee umgezogen. 1980 verließen meine Eltern (und weitere jüngere Geschwister) die Türkei und kamen nach Deutschland. Sie sind zuerst in Dötlingen gelandet. Ich versuchte, sie von dort nach Ganderkesee zu holen. Aber eine Wohnung in Ganderkesee zu finden, war ein großes Problem. Zum Glück hatte ich sehr guten Kontakt zur Gemeindeverwaltung. Und sie meinte es gut mit uns. Man sagte mir: Okay, finde eine Wohnung, und wir akzeptieren, dass deine Familie nach Ganderkesee kommt. Später fand ich eine Wohnung, und wir lebten alle zusammen in Ganderkesee.

Wegen der neuen Asylgesetze sagte man uns: Wir haben so viele Arbeitslose, wenn Arbeit da ist, müssen erst Deutsche eingestellt werden, dann EU–Bürger, dann Gastarbeiter und zum Schluss, glaube ich, kamen wir, die Asylbewerber. Naja, und dann war ich arbeitslos und habe hier in Ganderkesee bei meinen Eltern gewohnt und 1982 Tuen geheiratet.

Anerkennung des Asylantrags

1983 gab es eine Gerichtsverhandlung wegen unseres Asylantrags beim Verwaltungsgericht in Oldenburg. Ich glaube, wir waren insgesamt sieben junge Aramäer, die keinen Militärdienst in der Türkei geleistet hatten. Wir haben vor Gericht in Oldenburg ausgesagt. Ich war einer der ersten, die angehört wurden. Wir erfuhren, dass einer der Richter selbst unser Gebiet in der Türkei gesehen und besucht hat, privat. Er kannte die Verhältnisse und hat die Beweise, dass Christen beim Militär misshandelt und sogar gefoltert werden, für wahrscheinlich gehalten. Deshalb sind unsere Anträge anerkannt worden.

Wenn das Innenministerium innerhalb von 4 Wochen keinen Einspruch gegen diese Anerkennung einlegte, war das Urteil rechtskräftig.

Ja, und dann haben wir natürlich die Tage gezählt und gebetet, hoffentlich schickt das Innenministerium nichts. Während der gesamten Wartezeit ist nichts gekommen, am letzten Tag auch nicht. Gott sei Dank! Ich habe mich riesig gefreut und bin gleich nach Ablauf dieses Monats zur Ausländerbehörde ins Kreisamt nach Wildeshausen gefahren. Der Sachbearbeiter hat alle Angaben aufgeschrieben und meinte: „Sie sind aber ungeduldig! Wenn nichts mehr kommt in dieser Woche, kannst du deinen Pass kriegen!" Es war dieses - wie heißt das noch - nicht Reisepass, nicht Personalausweis, sondern Reisedokument. Blaue Pässe waren das. Ja, den habe ich bekommen und damit die Erlaubnis, überall zu arbeiten und zu wohnen. Ich war wirklich froh und glücklich!

Berufspläne: So, wie geht es jetzt weiter mit mir, mit unserem Leben?

Ich musste unbedingt etwas lernen, einen Beruf. Deshalb ging ich nach Wilhelmshaven. Denn dort besaß ein Freund, ein Italiener, ein italienisches Restaurant. Der hat mir angeboten, bei ihm zu arbeiten. Mal sehen, wie es so geht! Ich habe angefangen mit Teller waschen, dann Salate zubereiten, Pizza belegen und kochen. Natürlich habe ich nicht viel verdient am Anfang, aber für mich war das egal: Hauptsache, ich lerne einen Beruf und habe Arbeit!

Ich glaube, nach ungefähr einem Monat habe ich dann eine Wohnung gemietet und meine Frau konnte mitkommen. Und so arbeiteten wir ein Jahr in Wilhelmshaven. Leider gaben unser Chef und seine Freundin gerne Geld aus, und obwohl das Restaurant so gut lief, blieb am Ende des Monats wenig für die Bank übrig. Nach einem Jahr war der Chef bankrott. Tuen und ich sind nach Oldenburg gezogen. Dort fand ich wieder in einem italienischen Restaurant Arbeit.

Nach etwa 5 Jahren in Oldenburg wurde ich unzufrieden mit meiner Stellung. Ich wollte weiterkommen und mich selbstständig machen. Aber wo? Dazu kam die Frage, ob wir in der Großstadt leben wollten, denn wir hatten inzwischen zwei Kinder und ein drittes war unterwegs. Meine Eltern lebten immer noch in Ganderkesee, und ich hatte nur gute Erinnerungen daran. Es ist weder eine Stadt noch ein Dorf. Gerade für eine junge Familie ist es ideal. Schulen, Banken, Geschäfte sind da, eigentlich alles, was man zum Lebensunterhalt braucht.

Selbständiges Arbeiten / Wohnen in Ganderkesee

Ich besprach mich mit Freunden, und man sagte mir, dass an einer Gaststätte ein Schild aushängt: Mieter gesucht! So ähnlich. Und eine Telefonnummer stand auch dabei. Ich habe angerufen, und der Vermieter kam am nächsten Abend gleich zu mir. Wir schauten uns die Räume an und verabredeten einen neuen Termin. Und so ging das weiter, bis wir uns geeinigt hatten: Wir haben das Lokal gepachtet und ein Restaurant eingerichtet.

Am 1.3.1989 eröffneten wir dann unser Restaurant in Ganderkesee. Die Familie blieb noch in Oldenburg, denn es war so schwierig, eine Wohnung zu finden. Ich bin jeden Tag hin- und hergefahren, manchmal um Mitternacht oder noch später. Das war viel Stress für mich. Ich wollte natürlich so schnell wie möglich meine Familie nach Ganderkesee bringen. Es dauerte aber ein paar Monate, dann konnte ich eine Wohnung mieten und meine Familie konnte nachkommen. Unser Sohn war noch in Oldenburg zur Welt gekommen. Also drei Kinder hatten wir.

Später gab es die Möglichkeit, ein Grundstück zu kaufen, und irgendwann sollte oder musste man darauf ein Haus bauen und auch selbst darin wohnen. Diese Grundstücke gehörten der evangelischen Kirche und sollten als Restgrundstücke verkauft werden an kinderreiche Familien. Ich glaube, zwei oder drei Jahre hatten wir Zeit bis zum Baubeginn. Ich habe mich darum beworben und hatte Glück, denn eines Tages rief mich das Büro an und sagte: „Sie sind jetzt dran und können dieses Grundstück erwerben". Ich fand gut, dass es nahe beim Restaurant war. Mitte 1992 haben wir angefangen zu bauen.

Ja, ich habe so viel Glück gehabt in meinem Leben, das glaubt kein Mensch. Am meisten mit meiner Frau.

Restaurantbetrieb als Familienunternehmen

Gastronomie als Arbeitsstelle ist nicht einfach, und Mitarbeiter beschäftigen auch nicht. Mal fehlt einer, und besonders an Feiertagen, wenn das Restaurant voll besetzt ist, gibt es dann richtig Stress. Das waren meine größten Schwierigkeiten. Ich habe es auch mit Helfern aus der Verwandtschaft versucht, aber das lief auch nicht besser! Erst als meine Frau uns im Restaurant helfen konnte, Stück für Stück und immer etwas mehr, da wurde es besser. Nach der Geburt unserer jüngsten Tochter arbeitete sie eine Weile nicht mit. Aber später war sie eigentlich jeden Tag in der Küche. Dadurch haben wir beide viele Arbeiten selbst erledigen können. Im Gastraum und in der Küche hatte ich jeweils eine Aushilfe. Insgesamt haben wir dieses Restaurant 21 Jahre geführt.

Worauf ich stolz sein kann, und das bin ich auch; besonders weil unsere Kinder - trotz der Gastronomie - jedes einen eigenen Beruf erlernt hat. Ich habe immer aufgepasst, dass sie einen vernünftigen Schulabschluss machen. Das hatten wir, glaube ich, ganz gut im Griff! Sie konnten neben der Schule, wenn ich viel Arbeit hatte, mithelfen, also bedienen oder in der Küche und dabei viel lernen.

Ja, wir waren sehr froh, dass wir gute Kinder hatten. Wir waren nicht geizig ihnen gegenüber, aber auch nicht verschwenderisch. Die Kinder sollten zufrieden sein. Wenn sie etwas brauchten, und wir es uns leisten konnten, haben wir es natürlich auch gern gegeben.

Zwischen zwei Welten

Wir sind mit unseren Kindern zwischendurch mal in Urlaub gefahren, aber nicht in die alte Heimat. Griechenland ist von der Kultur her fast ähnlich, eine orthodoxe Kultur. Griechen, Serben, Armenier und Russen, wir sind alle orthodox. Wenn ich in eine griechische Kirche gehe, gibt es auch so viele Bilder wie bei uns. Quasi gleich.

Nein, in unserer alten Heimat waren sie noch nie.

Damals in den 60er Jahren begann die aramäische Auswanderung aus unserer Gegend, und die Regierung hat das bewusst zugelassen. Lasst die Christen gehen! Sie ließen uns gerne gehen! Einerseits sag ich heute: Gott sei Dank! Andererseits ist es auch schade, denn der Tur Abdin ist einfach unsere Heimat. Dort sind wir geboren. Es gibt so viele schöne Kirchen, viele schöne Dörfer, lange Tradition. Seit 2000 Jahren haben die Aramäer dort gelebt. Ich finde es traurig, wie die Dörfer zum größten Teil verfallen. Nur wenige sind noch bewohnt. Es gibt zwar einige Aramäer, die zurückkehren und sich ein Leben dort aufbauen wollen. Ich glaube aber nicht, dass sie ein normales Leben in Sicherheit verbringen können.

Die Hoffnung haben wir noch nicht aufgegeben, dass nicht alles verloren geht. Aber es bleibt eine gefährliche Gegend. Der Nahe Osten ist sowieso wie ein Pulverfass. Fast immer herrschen dort Kriege. Und es gibt Probleme zwischen den verschiedenen Volksstämmen, egal - ob das jetzt inländische Probleme sind, also eine Art Bürgerkrieg wie in Syrien oder Spannungen zwischen den Staaten. Das können wir, glaube ich, nicht ändern. Ich möchte heute nicht mehr dort leben. Ich bin schon zu lange hier. Inzwischen leben wir in Ganderkesee zum zweiten Mal sozusagen, hier haben wir so viel Schönes erfahren und immer gut gelebt.

Wir haben viele Freunde und durch unsere Arbeit im Restaurant viele Menschen kennen gelernt.

Ja, und unsere Kinder sind hier aufgewachsen. Für sie ist Ganderkesee, ist Deutschland ihre Heimat.

Integration in Ganderkesee

Zuerst kannten wir nur einige deutsche Familien. Wir hatten ja damals

-1980 - das Glück, dass wir die Familien kannten, die uns geholfen haben. Wir gründeten den Förderkreis und bekamen Kontakte, weil viele aus dem Ort sich beteiligt haben. Das waren Menschen von allen Kirchen, aus der Wirtschaft, von der Politik, von allen Parteien. Es war wunderschön. Es war eine sehr, sehr positive Erfahrung. Durch sie sind wir auch weiter gekommen. Sie haben uns begleitet durch alle Instanzen. Sie haben uns beraten. Wir haben an vielem teilgenommen, sind sogar zum Kirchentag nach Hannover gefahren. Auch meine Frau und ich waren dabei und haben dort Zettel verteilt, um über die Situation der Aramäer zu berichten. Wir haben uns Informationen geholt und gleichzeitig über uns berichtet. Wir haben hart gearbeitet, aber es hat auch Spaß gemacht. Also ich glaube, Initiator für diese ganzen Sachen war Theo Lampe vom Diakonischen Werk, Oldenburg. Ja, er war der Initiator, aber er brauchte viele Leute, die mitmachten. Und dieses Glück hatten wir in Ganderkesee. Die Menschen in Ganderkesee haben uns damals sehr unterstützt, und dafür sind wir sehr dankbar.

Grenzen der Integration – kulturelle Unterschiede

Inzwischen gibt es einige Aramäer, sowohl Männer als auch Frauen, die Einheimische geheiratet haben. Gerade neulich hat hier zum Beispiel C., der Sohn meiner Schwägerin, eine deutsche Frau geheiratet. Genauso ist es bei Aramäern in Schweden und Holland. Aber es bleibt eine Minderheit, die Deutsche heiratet. Ich glaube, das liegt erstens an unserer Lebensweise und zweitens an der Erziehung. Wir möchten gerne auf lebenslang verheiratet sein. Obwohl es in der jungen Generation jetzt auch Scheidungen gibt.

Die Kultur spielt natürlich eine große Rolle beim Zusammenleben, sodass sich die meisten Aramäer bei ihren Landsleuten einen Mann oder eine Frau suchen. Sie denken, sich mit ihnen auf Dauer besser zu verstehen und besser verstanden zu werden.

Also ich persönlich komme wunderbar mit Deutschen klar, wenn wir uns unterhalten, wenn wir uns befreunden. Kein Problem! Aber ich weiß nicht, ob ich mit meiner Art, mit meinem Verständnis für das Familienleben mit einer deutschen Frau so lange verheiratet sein könnte wie mit meiner Frau. Vielleicht? Vielleicht auch nicht? Das hängt wohl davon ab, ob man einen Partner sucht, der so ein bisschen ist wie man selbst. Der Kopf muss passen! Das ist das Wichtigste, eigentlich. Dann kann man durch dick und dünn zusammen gehen. Ich glaube, bitte nicht negativ verstehen, mit einer Europäerin wäre mein Leben so, wie ich bis jetzt gelebt habe, viel schwieriger.

Rollenverständnis

Da gäbe es bestimmt mehr Missverständnisse. So hart, wie wir gearbeitet haben. In meinem Kopf sehe ich erstmal eine Richtung, und es ist anstrengend, wenn sich alle als Familie zusammen bewegen sollen. Aber wenn man sich nicht bewegt, dann erreicht man auch nichts. Doch manchmal muss man im Leben, man wird ja auch älter, die Verhältnisse in der Familie ändern. Als Familienvater muss man natürlich fair und gerecht sein. Dann darf man nicht nur seine Position sehen. Und ich sehe, was meine Frau alles geleistet hat. Heute sage ich, wir haben viel erreicht, aber ohne meine, diese Frau hätte ich es nicht erreichen können. Es würde nicht gehen.

Sie hat sogar mehr Verantwortung als ich übernommen. Sie hat die Kinder zum größten Teil betreut und erzogen. Sie hat die gesamte Hausarbeit gemacht, und wenn ich angerufen habe, dass ich unter Feuer stehe, dass ich Stress habe, dann ist sie aufs Fahrrad gestiegen und - zack war sie in 10 Minuten da und hat mitgeholfen. Das alles würde ohne diese Frau ja nie gehen. So, und wir sind Gott sei Dank so gut weitergekommen, dass wir uns heute gesagt haben, Gastronomie ist eigentlich kein familienfreundlicher Beruf. Man hat kein Wochenende, keine Feiertage, kein Weihnachten, kein Silvester und nichts. Und das haben wir geändert. Ich gehe gerne immer einen Schritt weiter und gucke, was ist für uns alle besser? Jetzt möchten wir anders leben, etwas ruhiger. Und meine Frau braucht nicht mehr zu arbeiten. Sie macht das Haus schön. Das ist noch genug Arbeit, aber Tuen mag das gern. Und dann haben wir noch zwei Kinder, die zuhause wohnen. Und das reicht uns. Es passt eben alles gut zusammen.

Ich arbeite jetzt bei einer Firma hier in Ganderkesee, mit dem Fahrrad fünf Minuten. Das ist für mich ein neues, großes Glück: Geregelte Arbeitszeit. Jeden Tag von 7.00 bis 16.15 Uhr, freitags bis 13.15 Uhr. Mittags habe ich praktisch dann Feierabend, ein ganzes Wochenende lang und 5 Wochen Urlaub im Jahr, was ich von früher nie kannte. Wir hatten das Lokal nur eine Woche geschlossen.

Jetzt können unsere Kinder und Enkelkinder zu uns kommen und feiern mit uns Weihnachten. Am Wochenende oder abends fahren wir zum Beispiel zu Freunden nach Delmenhorst für ein, zwei Stunden. Das ist wunderbar. Alles hat so seine Zeit!

Erinnerungen

1983

Die schönen und vielfältigen Stickereien der aramäischen Frauen wurden in einer Ausstellung in der Gemeindebücherei von vielen Besuchern bewundert.

Hier fand auch ein Vortrag von Frau Helga Anschütz statt. Sie hatte kurz zuvor das Gebiet des Tur Abdin bereist, um eine Fernsehdokumentation zu drehen.

Authentisch und informativ wusste sie von den jahrhundertealten kulturellen Zeugnissen der Christen und der aktuellen politischen Lage zu berichten. Die zahlreichen Zuhörer waren tief beeindruckt.

In diesem Jahr wurden auch die ersten Asylverfahren einiger junger aramäischer Männer anerkannt.

1986

Ein aufregender Höhepunkt in der Zusammenarbeit aller Institutionen und Personen des Förderkreises war eine Live-Reportage des NDR-Fernsehens über die Integration der aramäischen Familien in Ganderkesee. Im Verlauf dieser Sendung wurde sichtbar, wieviel Vertrauen und gegenseitiger Respekt zwischen Zuwanderern und Bevölkerung entstanden war.

1987

Der Zuwanderstrom aus dem Tur Abdin riss nicht ab, bis schließlich alle Familien aus mehreren aufgelösten Dörfern in Delmenhorst und Ganderkesee lebten.

Fotos und Andenken aus ihrer Heimat wurden in Delmenhorst als Wanderausstellung zusammengestellt und waren auch in unserer Bücherei zu sehen.

1990

Die Anerkennung ihrer Asylanträge sicherte den aramäischen Bürgern in Ganderkesee ein dauerhaftes Bleiberecht. Sie beschlossen, hier einen eigenen Kirchen- und Kulturverein zu gründen, der ihre Belange vertreten sollte. Damit konnte sich der Förderkreis auflösen. Das wurde während einer großen Anerkennungsfeier bekannt gegeben.

1992

10 Jahre hatten sich deutsche und aramäische Frauen in einem offiziellen VHS-Kurs getroffen. Das war ein Festmahl wert! Der Kurs wurde geschlossen, die Verbundenheit blieb.

2005

Die aramäische Kirchengemeinde weihte am 7. Oktober 2005 ihr eigenes Gemeindezentrum in Ganderkesee ein: St. Jakob von Nisibin.
Die aramäische Gemeinde zählte 350 Mitglieder.

Erfahrungen

Wie wir wurden, was wir sind**

Ich gehe einkaufen im Supermarkt und treffe ein älteres aramäisches Ehepaar. Herzliche Begrüßung! Wie geht es dir? Frau Meyer? Reger Austausch über die gegenseitigen Familien folgt. Oder ich kaufe „beim Türken" im Obstgeschäft ein; der Besitzer, ein Aramäer. Seine Frau backt jeden Freitag die herrlichen Börek – frisch aus der Pfanne zum Mitnehmen, kleiner Wortwechsel über die Familie inbegriffen. Auch sonst haben die Waren dieses Geschäftes neue Geschmacksrichtungen in unser Dorf gebracht, die gerne ausprobiert werden. Und so geht es weiter: Ob im Service oder als Restaurantbesitzer, ob als Arzthelferin oder Friseurin, überall begegnen uns Aramäer. Sie bauen Häuser neben deutschen Nachbarn, wohnen hier und leben mit uns.

Sie sind aktiv an Ökumene-Veranstaltungen beteiligt, und in seltenen Fällen gibt es sogar eine deutsch-aramäische Heirat. Selbst auf dem Friedhof ist eine besondere Ecke für ihre Begräbnisse reserviert.

Sie sind heimisch geworden und Teil unseres Alltags, der durch sie bunter ist, besonders dort, wo ein Stück ihrer eigenen Kultur sichtbar werden kann.

Haben vor 20 Jahren deutsche Geschäftsleute noch skeptisch jede Neueröffnung verfolgt, sind sie jetzt der Meinung, dass das keine Konkurrenz, sondern eine Markterweiterung ist und mehr Menschen in die Einkaufszonen bringt.

Und doch: Es gibt auch Personen, die es nicht geschafft haben. Die ungelernten Gastarbeiter von einst sind heute im Rentenalter. Viele haben schwere körperliche Arbeit verrichtet und sind physisch beeinträchtigt. Wenn sie nicht lange genug arbeiten konnten, bekommen sie keine ausreichende Rente. Von den Jugendlichen, die in den 80er Jahren mit den Eltern kamen, haben viele keine abgeschlossene Schulbildung und keine Ausbildung. Sie werden ihr Leben lang unqualifiziert jobben müssen.

Aber sie haben verstanden, dass es ihren Kindern besser gehen soll. Die nächste, die 3. Generation – Jungen wie Mädchen – absolvieren Schule und Ausbildung und verlassen Ganderkesee, um an anderen Orten ihren Beruf auszuüben oder zu heiraten. Die Großfamilie trifft sich nur noch an hohen Feiertagen und zu Hochzeiten. Was gut für die Jungen ist, macht die Alten einsam. Es fehlt an passenden Einrichtungen für Senioren, wenn die Familie die Betreuung nicht mehr gewährleistet.

Und was ist mit mir? Meine junge Freundin Nazire mit dem Ohrring habe ich nach ihrer Heirat nach Süddeutschland sehr vermisst, aber nie mehr gesehen. Jetzt ist sie bereits Mutter von erwachsenen Kindern. Mein erster aramäischer Schüler – mit dem diese ganze Geschichte begann - arbeitet als Arzt in der Nähe von Paderborn.

Geblieben sind Fotos und Erinnerungen und natürlich weiterhin Begegnungen mit denen, die hier bei uns blieben. Die Freude, fremden Kulturen in den Familien zu begegnen und zu verstehen, ist mein größter Gewinn und bleibt eine Bereicherung für mich.

Verständigung erfolgt nicht nur über die Sprache, sondern beinhaltet genauso Empathie und Information.

Gleichzeitig gilt meine Anerkennung Menschen, besonders Kindern, die sich in zwei Kulturen bewegen und zurechtfinden können.

Einwanderer

aus den Nachfolgestaaten der UdSSR

Migration

Migration ist eine freiwillige oder erzwungene Auswanderung oder auch Flucht – und ist kein nationales Phänomen. Verschiedene Formen der Migration – Flucht, Vertreibung, Anwerbung von Gastarbeitern – prägen seit dem Ende des 2. Weltkrieges bis heute unsere Gesellschaft.

Migration ist in jedem Fall eine Ausnahmesituation, die gesellschaftspolitische und persönliche Grundkonflikte und Risiken birgt. Mit der Auswanderung ist das Aufgeben des vertrauten Lebens verbunden. Dieser Verlust kann ernsthafte psychische Störungen erzeugen. Gleichzeitig mit dem Verlust ist die Hoffnung verbunden, ein besseres Leben gestalten zu können. Die neuen Lebensbedingungen bringen in den meisten Fällen eine wirtschaftliche Verbesserung mit.

Frau P.: „Man muss hier (in Deutschland) keine Angst haben. Man arbeitet und bekommt das bezahlt. Natürlich ist es besser, dass wir mit unseren Kindern hierhergekommen sind."

Die Einheimischen begegnen den Einwanderern häufig mit Distanz, manchmal mit einer übertriebenen Freundlichkeit, was zur Irritation auf beiden Seiten führen kann. Der Weg dazwischen erfordert eine Auseinandersetzung mit dem Andersartigen sowie dessen Akzeptanz.
Das ist anstrengend und gelingt nicht immer.

Fremdsein, Fremdheitserfahrung und -wahrnehmung sind im Wesentlichen durch unsere moralisch-normativen Muster bestimmt. Das Fremde wird im Alltagsleben subjektiv positiv erlebt, aber aufgrund gesellschaftlicher Ordnungskriterien ist es objektiv negativ besetzt; auch dann, wenn die fremde Musik oder die fremde Sprache zunächst interessant erscheinen mag. Die sogenannten Anderen werden anders, d.h. ungleich behandelt. Das zeigt sich deutlich bei der Arbeitssuche oder bei der Einschulung der Jugendlichen.

Spätaussiedler

Unter dem Begriff „Spätaussiedler" werden in den neunziger Jahren deutsche Volkszugehörige und deren Familienmitglieder aus den Nachfolgestaaten der ehemaligen Sowjetrepubliken bezeichnet. Ihre Einwanderung nach Deutschland unterliegt bestimmten gesetzlichen Regelungen. (Siehe Nachwort)

Deutschstämmige Spätaussiedler aus Russland sind fast ausschließlich Nachkommen der deutschen Einwanderer, die im 18. und 19. Jahrhundert in verschiedenen Auswanderungswellen nach Russland aufbrachen.

Gründe der Auswanderung

Familiäre oder persönliche Gründe

Eine Einreise der Spätaussiedler nach Deutschland ist fast immer eine Familieneinwanderung.

Die Familie stellt den zentralen Orientierungspunkt dar. Sie war im Herkunftsland die soziale und wirtschaftliche Gemeinschaft und der Zufluchtsort. So steht sie auch bei der Auswanderung im Mittelpunkt. Die Familienmitglieder sind für die Antragsstellung zuständig. Das Einleben in Deutschland ist also wesentlich an die Familien geknüpft. Durch diese starken familiären Bindungen tendieren die Mitglieder auch nach langjährigem Deutschlandaufenthalt zu Freundschaften und Eheschließungen innerhalb ihres Kulturkreises.

Frau K.

Und dann kam mein Cousin, der hat schon hier in Deutschland gelebt, zu uns zu Besuch. Er hat erzählt, wie das Leben hier ist und sagte: „Ihr müsst nicht denken, ihr müsst fahren". Ja, wir wohnen jetzt alle hier.

Frau und Herr O.

Also, mein Vater war Deutscher. Er hat einen Antrag gestellt, nach Deutschland umzusiedeln, und dann ist J. das erste Mal zu Besuch gekommen. Sein Onkel lebte schon in Deutschland und hat alle Papiere und Formulare für uns mitgegeben.

Frau K.

Wenn ein Fest oder so ist, dann kommen wir alle zusammen und grillen und unterhalten uns. Das ist schön! Ich spreche überall, wo ich kann, russisch. Das fällt mir leichter …. In der ganzen Familie ist das so.

Nationale Gründe

Die deutschen Volkszugehörigen genauso wie die Juden gehörten in der UdSSR zu nationalen Minderheiten, die in ihrer Geschichte immer wieder Verfolgungen und Vertreibungen ausgesetzt waren. Das Vertrauen in eine für sie positive Entwicklung in den Nachfolgestaaten der UdSSR war nicht mehr vorhanden.

Frau K.

Unser Dorf war ein deutsches Dorf. Und alle meine Verwandten sind deutsche Leute. Wir haben immer nur deutsch gesprochen und waren etwas anders als die russischen Leute. Alles sauber, alles gestrichen, überall Zäune... das war schön! (Deshalb der Wunsch und die Vorstellung, so in Deutschland zu leben: Erträumte deutsche Heimat.)

Wirtschaftliche Gründe

Nach dem Zerfall der Planwirtschaft war die Unkenntnis der Menschen sehr groß, das eigene Leben selbst zu bestimmen. Die Bevölkerung blieb sich selbst überlassen. Die Lebensbedingungen verschlechterten sich zunehmend.

Frau und Herr O.

Ja, und mit der Arbeit ist es dann auch schwerer geworden. … Ich war zum Beispiel in der Hauptschule dort tätig und habe meine Arbeit verloren. Darauf haben wir mehrere Kühe gekauft und die Milch verkauft.

Frau K.

Als wir geheiratet haben, wohnten mein Mann und ich in einem Zimmer. Wir besaßen damals schon einen Garten, einen Stall und viel Vieh. Das bedeutete viel Arbeit. Außerdem habe ich noch in der Schule gearbeitet. Trotzdem hat es nicht immer gereicht.

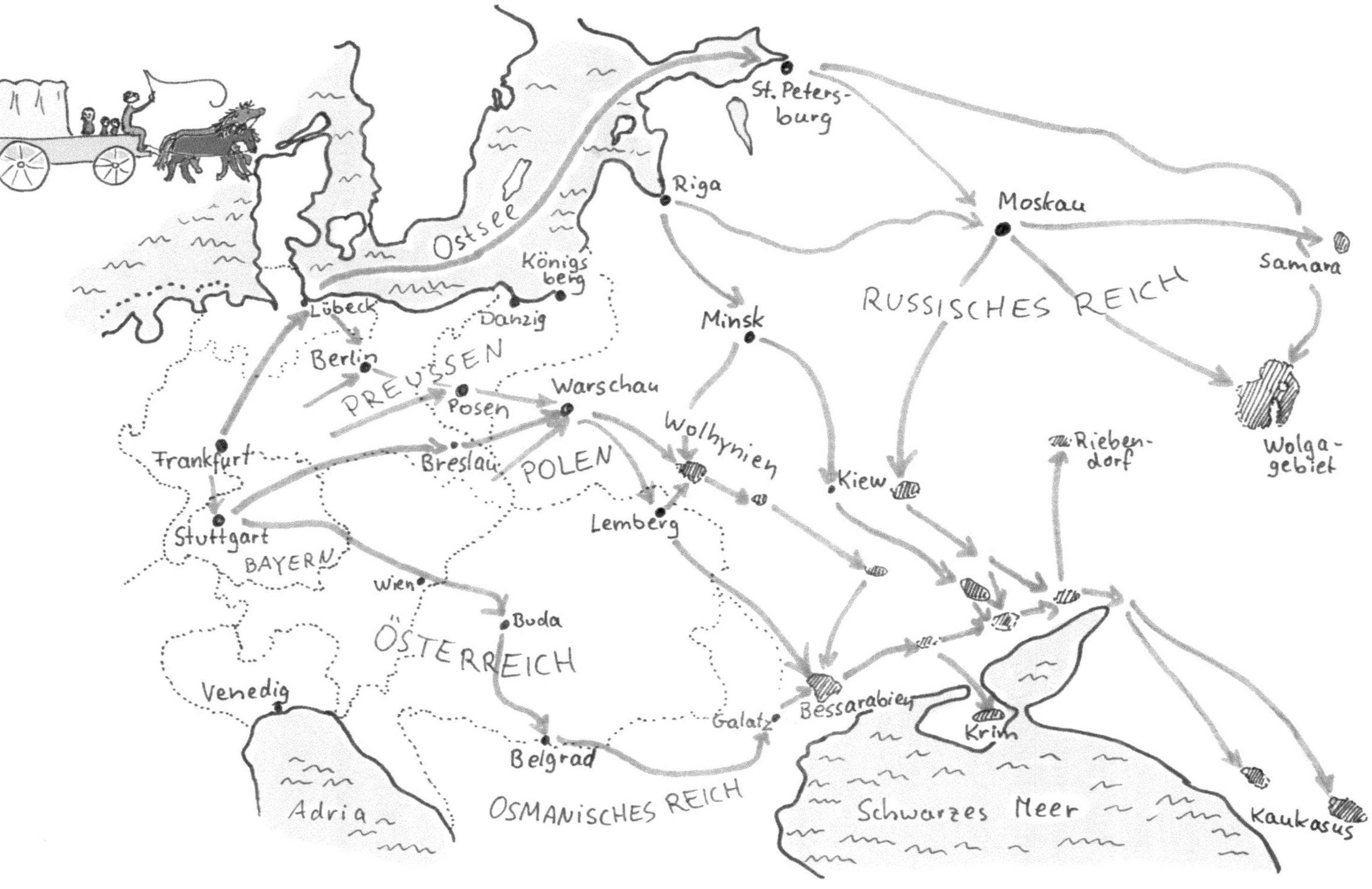
St. Peters-burg
Riga
Moskau
Samara
RUSSISCHES REICH
Wolga-gebiet
Ostsee
Königsberg
Danzig
Lübeck
Berlin
PREUSSEN
Posen
Warschau
Wolhynien
Minsk
Kiew
Th. Rieben-dorf
Frankfurt
Breslau
POLEN
Lemberg
Stuttgart
BAYERN
Wien
Buda
ÖSTERREICH
Venedig
Galatz
Bessarabien
Krim
Belgrad
OSMANISCHES REICH
Adria
Schwarzes Meer
Kaukasus

Politische Gründe

Die politische Situation war in den 90er Jahren unsicher. Mit ständig neuen Gesetzen und Veränderungen kam die Angst, erneut Repressalien ausgesetzt zu sein.

Herr P.

Ja, und die russischen Bewohner haben immer gesagt „Faschisten" und so. Besonders nachher, als alles zusammengebrochen war, gab es bei uns sehr starken Nationalismus. Alle haben geschrien: Diese Leute raus aus Russland nach Hause. Das war fast wie Krieg.

Spätaussiedler in Ganderkesee

Die meisten Spätaussiedler, die nach Ganderkesee kamen, stammen aus den Gebieten Omsk und Kasachstan. Vereinzelt kamen sie aus der Altai-Region oder aus anderen inzwischen unabhängigen Staaten wie Moldawien, Litauen oder Usbekistan.

Laut einer BAMF Studie besitzen ca. 96% der Spätaussiedler eine Vorbildung: mindestens Real- oder Hauptschulabschluss oder auch eine Berufsausbildung. Aber nur jeder fünfte Abschluss wurde in Deutschland anerkannt. So müssen viele von ihnen Arbeiten nachgehen, die ihrer beruflichen Qualifikation nicht entsprechen.

Die Spätaussiedler verlassen ihre russische, kasachische, usbekische Heimat freiwillig, denn sie hoffen darauf, hier eine neue, deutsche Heimat zu finden. Aufgrund ihrer Sprache und ihrer Lebensweise werden sie aber als Fremde wahrgenommen und entsprechend behandelt. Die erträumte Heimat erscheint zunächst ganz anders, als sie sich vorgestellt hatten.

Für die Darstellung der einzelnen Lebensgeschichten haben wir narrative Interviews gewählt, die immer in der vertrauten Umgebung stattfanden und die Grundlage unserer schriftlichen Biographien sind.

Die Familien waren uns durch unsere Arbeit bekannt, sodass es keine Ängste oder Unsicherheiten wegen der Sprachdefizite gab.

Familie O

Die Eheleute O. sind zum Zeitpunkt des Interviews 47 und 51 Jahre alt. Sie wohnen inzwischen allein. Die Tochter, wenn auch sehr jung, hat schon eine eigene Familie, und der Sohn lebt wegen des Studiums nicht mehr in Deutschland.

Frau O. erzählt die Geschichte der Familie:

Mein Mann und ich sind in Nordkasachstan geboren. Unsere Geburtsdörfer waren 350 km voneinander entfernt. Nach der Fachhochschule bin ich dem Dorf meines Mannes zugewiesen worden, in dem ich in einem Kindergarten als Erzieherin die Arbeit aufgenommen habe.

In der Sowjetunion war es üblich, die Beschäftigten nach Bedarf auch in weit entfernte Gebiete zu schicken.

Mir hat das dort sehr gefallen; denn ich habe meinen Mann kennengelernt, und nach einem Jahr haben wir geheiratet. Bis 1989 wohnten wir in diesem Dorf und sind dann nach Litauen gezogen. Die Mutter meines Mannes ist Litauerin. Aber das war nicht der Hauptgrund. In Nordkasachstan wurde es zunehmend schwieriger mit dem, was wir verdient haben, zu überleben. Die litauischen Verwandten haben immer wieder versichert, uns zu helfen. Deshalb sind wir dann - es war noch die Sowjetunion - in ein kleines Dorf gezogen. Obwohl wir kein Litauisch sprachen, hat mein Mann nach einer Woche eine Arbeit bekommen. Ich blieb zuhause, weil die Kinder noch klein waren; die Tochter ein Jahr, der Sohn vier Jahre alt. Nach einem Jahr habe ich eine Putzstelle in der Schule bekommen. Im Kindergarten konnte ich nicht arbeiten, weil ich kein litauisch sprach. Das habe ich später durch die Arbeit gelernt.

Als Litauen 1991 unabhängig wurde, habe ich meine Arbeit verloren, denn die Dorfschule wurde geschlossen. Aber wir bekamen vom Staat drei Hektar Land, konnten uns Kühe, Schweine und Hühner kaufen und haben von der Landwirtschaft gelebt. Mein Mann hat sich als Zimmermann selbstständig gemacht. So war unser Leben.

2002 bekamen wir von einem Onkel meines Mannes, der schon einige Jahre in Deutschland lebte, die Nachricht, dass wir nach Deutschland einreisen können. Mit seiner Hilfe hatte mein Schwiegervater mehrere Jahre zuvor für seine drei Söhne und sich einen Ausreiseantrag gestellt. Als wir nach Deutschland kamen, erwartete uns der Onkel und zeigte uns alles. Endlich brachte er uns zum Rathaus nach Ganderkesee. So sind wir und die Familie vom Bruder meines Mannes 2003 nach Ganderkesee gekommen.

Die Spätaussiedler haben per Gesetz nach der Registrierung und Zuweisung Anspruch auf eine Wohnung. Wenn diese aber zum passenden Zeitpunkt nicht bezugsfertig ist, müssen sie entweder bei Verwandten oder in Bramsche in einem Lager unterkommen.

Wir waren zwei Wochen in Bramsche. Danach konnten wir in Ganderkesee eine Wohnung beziehen. Dort waren schon einige Sachen vorhanden: Schrank, Herd, Waschmaschine… Und abends haben wir meinen Geburtstag gefeiert!

Die Kinder der Familie O. hatten beide in Litauen das Gymnasium besucht. Der Sohn bestand sehr selbstbewusst darauf, weiterhin zum Gymnasium zu gehen. Wegen der mangelnden Deutschkenntnisse lehnte das hiesige Gymnasium den Schulbesuch ab. So haben wir in ganz Deutschland nach einem aufnehmenden Gymnasium gesucht, und er konnte schließlich im Schwarzwald ein litauisches Gymnasium mit Internat besuchen. Dort bestand er sein Abitur und bekam einen Studienplatz in Aachen. Später kehrte er nach Litauen zurück, um dort sein Studium fortzusetzen.

Die Tochter der Eheleute, die zu diesem Zeitpunkt 13 Jahre alt war, durfte die Realschule in Ganderkesee besuchen. Da sie ein stilles Kind war, fand sie keine Freunde, war oft einsam und unglücklich. Auch sie ist nach zwei Jahren nach Litauen zurückgekehrt, um dort das Abitur zu machen. Während dieser Zeit lernte sie einen Litauer kennen, heiratete und bekam ein Kind. Heute leben sie als Familie in Ganderkesee und arbeiten hier.

Frau O. hat kaum Kontakte mit Einheimischen. Auch ihr Freundeskreis ist hauptsächlich auf die Familienmitglieder beschränkt. Dennoch betrachtet sie ihr Leben in Deutschland als gelungen.

Die zentralen Motive, die immer wieder in den Vordergrund treten, sind Familie, Arbeit und Sicherheit. Die Spätaussiedler sprechen ausreichend All-

tagsdeutsch, bleiben aber in ihrem vertrauten Kulturkreis.

In meinem Leben habe ich schon so viele verschiedene Sachen gemacht. Hier in Ganderkesee arbeiten mein Mann und ich seit 5 Jahren bei der gleichen Firma. Ich habe tolle Arbeitskollegen und so eine Sicherheit. Wir sind zufrieden.

Nachwort

Spätaussiedler

Für die Spätaussiedler regelt das Bundesvertriebenengesetz (BVFG) sowohl die Ausreise aus den Nachfolgestaaten der ehemaligen Sowjetrepubliken als auch die Einreise und den Aufenthalt in Deutschland.

Seit Inkrafttreten des Aussiedleraufnahmegesetzes am 01.07.1990 müssen Spätaussiedler vor ihrer Ausreise in die Bundesrepublik Deutschland noch vom Herkunftsland aus einen Ausreiseantrag beim Bundesverwaltungsamt stellen. Dort werden die Aufnahmevoraussetzungen – deutsche Volkszugehörigkeit und der Nachweis der Sprachkenntnisse auf dem Niveau A1 GER (gemeinamer europäischer Referenzrahmen für Sprachen) geprüft.

Seit September 2013 wird der Sprachvermittlungsnachweis nicht mehr von allen Familienmitgliedern vorausgesetzt, sondern kann auch als Fremdsprache erworben werden. Bei der Erfüllung dieser Voraussetzungen erfolgt die Erteilung eines Aufnahmebescheides als Berechtigung zur Einreise in die Bundesrepublik Deutschland.

Nach der Ankunft und der Registrierung in eine Erstaufnahmeeinrichtung – Friedland - erfolgt die Verteilung auf die Bundesländer. Bis zum 31.12.2009 geschah das nach einem bestimmten Zuweisungsschlüssel – der sog. Wohnortbindung.

Die Vorfahren der Spätaussiedler

Deutsche aus Russland, die jetzt nach Deutschland kommen oder bereits seit einigen Jahrzehnten hier leben, sind fast ausschließlich Nachkommen der Auswanderer, die zur Zeit der Zarin Katharina II. (1729-1796) und ihres Enkels Alexander I. (1777-1825) nach Russland aufbrachen.

In die Regentschaft der beiden Zaren fallen die drei wichtigsten Auswanderungswellen aus Deutschland nach Russland:

Der Zug an die Wolga überwiegend aus Rheinhessen und der Pfalz (ab 1764), der Zug an den Dnjepr (ab 1789) und der Zug ans Schwarze Meer aus Württemberg, Baden, Elsass und Bayern (1803).

Die ursprüngliche Ansiedlung von Deutschen in Sibirien und Mittelasien erfolgte später. Sie wurde vor allem um die Jahrhundertwende 1900 notwendig, als das Land für die Deutschen im europäischen Russland knapp geworden war. Eine besondere Gruppe bildeten die Wolynien - Deutsche, die sich zu verschiedenen Zeiten im 19. Jahrhundert in polnisch-russischen Grenzregionen niederließen.

Jüdische Zuwanderer

Auch für jüdische Migranten, die offiziell unter dem Begriff „Zuwanderer" oder „Emigranten" nach Deutschland kommen, gelten besondere Aufnahmevoraussetzungen.

Nachweis jüdischer Nationalität
Staatsangehörigkeit eines Nachfolgestaates der UdSSR
Positive Integrationsprognose
(Beruf, Berufserfahrung, Qualifikation, Sprachkenntnisse)

Das Allerwichtigste: Die Kinder in Sicherheit zu wissen

Durch die internationale Mobilität hat die Zuwanderung nach Deutschland in den letzten Jahrzehnten stark zugenommen. Viele ausländische Menschen kommen als Arbeitnehmer, Selbständige oder Studenten nach Deutschland, aber auch als Asylbewerber, die Zuflucht vor Kriegen und Verfolgung suchen.

Aus wirtschaftspolitischer Sicht fungieren die Zuwanderer einerseits als demographische Problemlöser, andererseits werden sie als eine enorme kulturelle Herausforderung gesehen.

Schon 1987 vertrat der damalige Bundesminister im Bundeskanzleramt Wolfgang Schäuble die Ansicht von der Notwendigkeit der Zuwanderung.

„Wir werden langfristig nicht umhinkönnen, die Schrumpfung der deutschen Bevölkerung zumindest teilweise durch einen verstärkten Zuzug durch Ausländer auszugleichen. Das wird schon der Arbeitsmarkt erbringen. Ihr Anteil an der Gesamtbevölkerung wird wachsen und damit auch die kulturellen und sozialen Probleme." (Zeitschrift Betrifft, 5/96, S.7)

Die Migranten / Zuwanderer leben in zwei Welten, müssen sich aber inzwischen nicht mehr für die eine oder die andere entscheiden. Das liegt sicherlich daran, dass viele Menschen keine Vorbehalte gegenüber Einwanderern haben.

Hinzu kommt noch die Tatsache, dass Migranten mittlerweile wichtige Positionen in der deutschen Gesellschaft innehaben. Die gegenseitige Toleranz manifestiert sich nicht nur in persönlichen Beziehungen, sondern auch in der öffentlichen Wahrnehmung.

Dennoch ist jedes Fremdsein eine Herausforderung für beide Seiten. Das Leben gerät ins Wanken, die Auseinandersetzung mit den Werten des Gastlandes wirft Fragen sowohl der Anpassung als auch der Abgrenzung auf.

Ein Beispiel für Fluchterfahrung und Ankunft in einem fremden neuen Land ist das Interview mit Mariam und Labid.

Mariam und ihre beiden Kinder, damals 14 Monate und vier Jahre alt, kamen 2000 nach Ganderkesee, Labid folgte ein Jahr später.

Mariam

Mein Mann und ich sind in den 60er Jahren in einem Land im Mittleren Osten geboren und lebten bis zu unserer Flucht in einer Großstadt.

Als Mitglieder einer religiösen Minderheit und aufgrund der immer stärker werdenden Repressalien gegenüber allen Minderheiten fühlten wir uns nicht mehr sicher in unserem Heimatland.

Es gab einige Informationen über Aufnahmeländer für Flüchtlinge, wie Kanada, Australien und Amerika, aber über Europa wussten wir sehr wenig.

Es hieß, Schweden sei aufgeschlossen und tolerant, und wenn wir hätten wählen können, wären wir nach Schweden gegangen.

Labid

Es gab nur eine einzige Möglichkeit, aus unserem Heimatland herauszukommen: Schlepper zu bezahlen. Diese haben dann entschieden, wohin sie uns bringen. Für uns war nur eins wichtig: Ein Land, in dem wir in Frieden und Demokratie leben können und unsere Kinder in Sicherheit sind. Wir konnten nichts planen. Die Entscheidung fiel von heute auf morgen.

Mariam

Ich habe nur das Notwendigste - weniger als zwei Koffer und den Kinderwagen - gepackt. Die Zeugnisse waren wichtig um zu beweisen, wer wir sind und woher wir kommen.

Auch die Familienbilder durften wir auf keinen Fall vergessen. Mein Mann konnte nicht mitkommen, versicherte mir aber, nachzukommen, auch wenn es zu Fuß sein müsste.

Am Anfang bekam ich Hilfe von einem Onkel. Er kannte die Grenze zum Nachbarland, konnte sich hin- und herbewegen und hatte auch etwas Geld bei sich.

Dann war ich auf mich allein gestellt.

Unterwegs immer wieder die gleichen Gedanken: „Schaffe ich es alleine mit den Kindern? Wenn nicht, dann sind wir verloren." Einerseits hatte ich Verantwortung gegenüber meinen Kindern und mir selbst, andererseits eine große Verpflichtung meinem Mann gegenüber. Ich hatte die Aufgabe, die Fa-

milie zu retten! Immer wieder musste ich aber mit den Gedanken kämpfen: Was, wenn es nicht gut ausgeht, was erwartet uns dann? Nur nicht daran denken, nicht zurückblicken, weitergehen!

Wir (Flüchtlinge) sind auf die sogenannten Schlepper angewiesen. Ihnen geben wir das gesparte oder geliehene Geld, egal, was verlangt wird. Wir haben keine andere Wahl. Sie entscheiden auch, wohin sie uns bringen.

Wenn sie es nicht schaffen, uns nach Europa zu bringen, dann hat man alles verloren: Sicherheit, Zukunft, Geld…Ich habe mit mir innerlich Gespräche geführt und mir immer wieder gesagt: „Sie müssen uns nach Europa bringen.“

Wir hatten Glück und ich landete mit meinen Kindern am Düsseldorfer Hauptbahnhof. Obwohl ich in meinem Heimatland Germanistik studiert hatte, war Deutschland nicht mein Ziel. Ich habe nur kurz gedacht: Schweden wäre schön gewesen! Aber im gleichen Moment wusste ich: Das ist nicht so wichtig, Hauptsache ein sicheres Land!

Die Anweisung der Schlepper war, eine Polizeistelle zu suchen und zu sagen: „Ich möchte Asyl“.

Wie eine Vagabundin schob ich meinen mit vielen Tüten vollbepackten Kinderwagen in der einen Hand, meine vierjährige Tochter mit ihrer Barbiepuppe in der anderen über den Düsseldorfer Hauptbahnhof. Als ich zwei Polizisten sah – sie wirkten sehr groß auf mich – sagte ich meinen Satz: „Ich möchte Asyl!“

Sie schauten mich an, nahmen meinen kleinen Koffer und brachten mich zu einer Polizeistation. Dort saßen viele Polizistinnen. Das war neu für mich. Sie haben durcheinandergeredet und uns warten lassen. Auf den Tischen gab es eine Menge Schokolade und andere Sachen. Auch das kannte ich nicht. Bei der Polizei Schokolade! (Es war der Silvesterabend 1999).

Labid

Polizei bedeutet in unserem Heimatland: Macht, Gesetz und oft Willkür. Wenn man es mit der Polizei zu tun hat, ist man ihr ausgeliefert. Ausgang unbekannt.

Mariam

Irgendwann haben sie uns gründlich untersucht: Die Räder des Kinderwagens auf Drogen geprüft, Fingerabdrücke genommen und mich fotografiert - mit einem Schild und einer Nummer, Vorder- und Seitenansicht. Ich kannte das aus Filmen, wenn Verbrecher gefasst werden. Aber die Polizeibeamten waren hier sehr hilfsbereit und zuvorkommend.

Meine Tochter fragte die ganze Zeit, wann wir endlich nach Hause kämen. Wir konnten nicht losfahren, weil der kleine Polizeibus keine Kindersitze hatte. Ich dachte nur, dass das jetzt nicht nötig sei, es ginge auch ohne Kindersitze.

Aber die deutschen Vorschriften!

Gegen Abend brachten sie uns dann zu einem großen Schiff, das sie eine Pension nannten. Dort empfing uns eine Frau, auch eine Migrantin, die deutsch und sehr laut sprach. Ich wollte mit ihr nicht sprechen, ich wollte nur einen Raum mit meinen Kindern haben.

In „unserem" Raum war der Tisch gedeckt: Brot, Salami, Käse und Wasser.

Von dort ging es am nächsten Tag nach Oldenburg in eine Aufnahmeeinrichtung des Landes Niedersachsen.

Die Verteilung der Asylbewerber auf die Bundesländer in Deutschland geschieht nach einem Verteilungsschlüssel. Die Quoten werden jährlich ermittelt und richten sich unter anderem nach Steueraufkommen und Bevölkerungszahl.

Die Asylsuchenden müssen sich in einer nächstgelegenen Aufnahmeeinrichtung des jeweiligen Bundeslandes registrieren lassen und den Asylantrag in einer Außenstelle des Bundesamtes für Migration und Flüchtlinge stellen - BAMF.

Das Amt prüft, ob die Asylberechtigung im Sinne des Art. 16 a Abs. 1 des Grundgesetzes gegeben ist. Erst wenn eine positive Entscheidung vorliegt, dürfen die Asylsuchenden die sog. Erstaufnahmeeinrichtung verlassen. Sie werden nach einem jährlich ermittelten Verteilungsschlüssel den Städten und Gemeinden zugewiesen. Die Kommunen sind danach für die Unterbringung und Versorgung der Asylbewerber zuständig.

In Ganderkesee befand sich die Flüchtlingsunterkunft zu diesem Zeitpunkt im Ortsteil Hollen.

Das Haus Hollen war eine Gemeinschaftsunterkunft mit gemeinsamer Küche und gemeinsamem Bad für mehrere Wohneinheiten.

Mariam

Als ich nach Hollen kam und das Haus sah, war ich geschockt. Was sollte ich mit meinen Kindern im Wald machen? Ich habe nur geweint!

Wenn man zugewiesen wird, hofft man auf eine Verbesserung. So wird es auch in der Aufnahmeeinrichtung erzählt. In Oldenburg gab es nur Metallbetten, aber da bewohnten wir ein Zimmer mit einem Waschbecken nur für uns.

Ich hatte keine Alternative! Keine Fee stand mit ihrem Zauberstab bereit!

Ich musste Geduld haben und hoffen, dass es besser würde! Immer wieder ermahnte ich mich: Nur nicht zurückblicken!

Oft fühlte ich mich verlassen, musste die Flucht, die Fragen und Ängste meiner Tochter alleine bewältigen. Gleichzeitig fand ich aber auch Unterstützung.

So lernte ich in Oldenburg arabisch sprechende Menschen kennen. Das war ein Stück Heimat für mich.

In Bremen wohnten Freunde, die ich besuchen konnte, so oft ich eine Erlaubnis erhielt. In Hollen gab es Familien, die auf meine Kinder aufpassten, wenn ich einkaufen war.

Nach 5 Monaten in Hollen bekam ich eine richtige Wohnung in Ganderkesee und war glücklich! Meine Wohnung, meine Sachen..., ich war zufrieden, denn von dieser Zeit an wurde alles besser als früher. Nur eine Sorge blieb: Schafft mein Mann es? Kommt er bald?!

Das war natürlich eine riesengroße Freude, als er anrief und sagte: „Ich bin in Frankfurt!"

Labid

Für mich war das Allerwichtigste, die Kinder in Sicherheit zu wissen!
Bis ich nach Deutschland kam, wurde es sehr abenteuerlich und dauerte ein Jahr: Türkei, Libyen, Beirut, Frankfurt.

Als ich in Frankfurt der Polizei mitgeteilt hatte, wo sich meine Familie aufhielt, suchten wir gemeinsam auf der Landkarte Ganderkesee.

Einmal habe ich nur verstanden: Nord, also im Norden. Nach ungefähr einer Viertelstunde lachte der Beamte und sagte: "Wir haben deine Frau gefunden, in der Nähe von Oldenburg."

Er zeigte mir auf der Landkarte die Stadt Frankfurt und mit dem anderen Finger Ganderkesee, guckte mich an und meinte: "4 - 5 Stunden Zugfahrt". Wow!

Mariam

Und das vergesse ich nie, als Labid in der Nacht ankam und wir mit großem Hallo in die Wohnung gingen und sie besichtigten. Da sagte er zu mir: „Du hast alles!"
Ja, alles, was wir brauchten, war jetzt da!

Heute sind Mariam und Labid beide berufstätig. Sie haben ihren Platz in der Gesellschaft gefunden. Ihre Kinder durchliefen erfolgreich das deutsche Schulsystem und konnten ein Studium beginnen. Sie sagen von sich, dass sie Deutsche sind.

Frau K. kam 2002 mit ihren beiden Töchtern nach Ganderkesee.

Darya war 15 Jahre, Miray 8 Jahre alt. Die schwierigen Lebensverhältnisse und Repressalien, die ihrer ethnischen und religiösen Minderheit in der Türkei widerfuhren, waren der Grund für die Auswanderung nach Deutschland und den Antrag auf Asyl.

Es ist interessant, wie ein 15jähriges Mädchen den Neuanfang in einem fremden Land erlebte.

Darya beschreibt, worüber sie sich wunderte und worüber die kleine Familie sich freute! Das Interview wurde 2012 aufgenommen.

Frau K.

Am Anfang wohnten wir in Hollen. Wir hatten nur ein Zimmer. Das Bad und die Küche benutzten wir gemeinsam mit zwei anderen Familien. Für mich gab es keine Deutschkurse, aber die Kinder wurden sofort eingeschult.

Darya

Ja, ich war in der Türkei auf einem Gymnasium schon in der elften Klasse, weil bei uns mit fünf Jahren eingeschult wurde. Hier durfte ich das Gymnasium nicht besuchen. Die nicht vorhandenen Deutschkenntnisse waren der Grund. So ging ich in Bookholzberg in die Realschule und zwar in die neunte Klasse.

Meine erste Begegnung mit meinem Klassenlehrer war für mich komisch. Er war sehr jung und trug ein Simpson T-Shirt wie mein Cousin! Undenkbar in der Türkei! Lehrer kleideten sich korrekt mit Anzug und Krawatte, und wir Schüler trugen eine Schuluniform! Später erfuhr ich, dass wir seine erste Klasse waren.

Frau K.

Er kam zu uns nach Hollen und fragte, ob er meiner Tochter extra Deutschunterricht geben dürfte. Und ob sie seine Familie ohne Begleitung – weil sie ein muslimisches Mädchen ist - besuchen dürfte.

Darya

Ich besuchte seine Familie zu Hause und habe mit seiner kleinen Tochter gespielt. Ich ging mit ihm einkaufen und musste überall alles erfragen. Das war für mich toll. Ich hatte Kontakt zu einer deutschen Familie und dadurch noch extra Deutschunterricht.

In Hollen haben wir dann überall Zettelchen mit den deutschen Bezeichnungen angebracht: ‚die Tür' an die Tür, ‚der Kühlschrank' an den Kühlschrank. Unser Kleiderschrank war aus Metall und eignete sich hervorragend für sämtliche Deutsch-Zettelchen.

Frau K. konnte erst nach vier Jahren an einem Deutschkurs teilnehmen. Integrationskurse wurden 2005 eingeführt. Am Anfang durften nur Asylberechtigte daran teilnehmen. Für Asylbewerber und Geduldete ist der Zugang zu den Kursen seit 2015 erlaubt. Vorher wurde davon ausgegangen, dass sie kein Bleiberecht bekommen. Deswegen bestand keine Notwendigkeit, integrative Maßnahmen durchzuführen. Bis dahin haben die Asylbewerber an Abendkursen der VHS, mit einer prozentualen Selbstbeteiligung, teilnehmen können.

Frau K.

Ich hatte in der Türkei fünfundzwanzig Jahre im Labor als Tierassistentin gearbeitet. Eine Anerkennung meiner Zertifikate wurde abgelehnt. Ich habe mich bemüht, eine entsprechende Zusatzausbildung zu bekommen, aber das wurde durch das Jobcenter abgelehnt. Stattdessen verrichtete ich, immer für eine begrenzte Zeit, verschiedene Tätigkeiten, die nicht mit meinem Beruf verwandt waren. Meistens war ich nach sechs Monaten wieder arbeitslos. Erst 2012 hätte ich mich in einer Tierarztschule in Oldenburg anmelden können - mit zwei Jahren Wartezeit bis zum Unterrichtsbeginn.

Darya

Als wir nach sechs Monaten unsere Aufenthaltsgenehmigung bekamen, hätte meine Mutter wieder arbeiten können, vielleicht auch in ihrem Beruf. Aber sie wurde überall abgewiesen.

Für mich war es offensichtlich, dass die Integration von Anfang an nicht gewollt war. Jetzt ist es zu spät. Nach zehn, zwölf Jahren Arbeitspause wäre der Einstieg in ihren Beruf sehr schwierig.

Frau K.

Ich war dann häufiger psychisch krank. Einige Ärzte unterstellten mir sogar, nur eine Bescheinigung haben zu wollen, um nicht an irgendwelchen Maß-nahmen des Jobcenters teilnehmen zu müssen. Jetzt arbeite ich in einer tür-kischen Bäckerei.

Doch wir erlebten auch Zugewandtheit und Mitgefühl!

Noch während wir in Hollen wohnten, überlegte ich, wie ich Deutsche ken-nenlernen könnte. Irgendwann klingelten wir an der Tür einer Kirche in Book-holzberg und erzählten unsere Geschichte. Dort wurden wir sehr herzlich auf-genommen. Wir gestalteten die Gottesdienste mit und sind bis heute aktive Mitglieder.

Darya

Meine Schwester und ich lernten in der Kirchengemeinde unter anderem Flöte und Gitarre spielen. Ich war sehr gern in der Jugendgruppe. Später über-nahm ich sogar die Leitung.

Als wir eine Wohnung in Bookholzberg suchten, halfen uns nicht nur unser Pastor, sondern auch zahlreiche Kirchenmitglieder. Genauso war es beim Um-zug.

Bei der Einsegnung der jüngeren Tochter 2008 erzählte der Pastor, was er bei seiner ersten Begegnung mit der Mutter und ihren beiden Töchtern emp-fand:

„Es waren drei Waisen aus dem Morgenland."

Nach der Realschule - ich bekam ein sehr gutes Abschlusszeugnis – ging ich auf Empfehlung meines Klassenlehrers auf ein technisches Gymnasium. Aber dort war ich überhaupt nicht glücklich. Wegen meiner türkischen Herkunft gab es immer wieder Sticheleien.

Lieber wollte ich eine Ausbildung machen und Geld verdienen. Von zehn Bewerbungen, die ich schrieb, bekam ich sechs Zusagen. Ich entschied mich für eine Behörde, in der ich bis jetzt arbeite.

Meine Schwester geht noch zum Gymnasium und jobbt in einem Gastro-nomiebetrieb.

Mittlerweile besitzen wir alle die deutsche Staatsangehörigkeit und blei-ben in Deutschland.

Nachwort Nachwort über die Formen der Fluchthilfen

Die Fluchthilfen sind so vielfältig wie die Gründe der Ausreise

Kriege, Verfolgung, Umweltkatastrophen oder auch wirtschaftliche Not zwingen Menschen nicht nur in unserer Zeit, ihre Heimat zu verlassen. So verschieden die Ausreisegründe sind, so unterschiedlich gestalten sich auch die Hilfen hierzu.

Es gibt internationale Flüchtlingshilfsdienste, humanitäre Hilfen der internationalen Staatengemeinschaften, Einsatz von internationalen Friedenstruppen und auch private Organisationen oder einzelne Fluchthelfer. Viele dieser privaten Organisationen oder einzelnen Personen werden in Europa Schleuser, Schlepper oder sogar Schlepperbanden genannt.

Die Mehrheit der Flüchtlinge, die hauptsächlich die westlichen europäischen Staaten als das sicherste Ziel ansehen, ist auf diese privaten Fluchthelfer vor Ort angewiesen. Denn die europäischen Staaten schotten sich zunehmend ab und bieten nur in Ausnahmen legale Einreisemöglichkeiten an. (Familienzusammenführung)

Vertrauen sich die Flüchtlinge privaten Personen an, dann wissen sie, dass sie keine Garantie haben, ihr Ziel sicher zu erreichen. Sie müssen hohe Geldsummen bezahlen und viele Strapazen in Kauf nehmen. Sehr oft riskieren sie sogar ihr Leben. Gelingt ihnen endlich die Einreise, kann es vorkommen, dass sie keine Bleibeberechtigung bekommen und als abgelehnte Asylbewerber ihr „Traumland" verlassen müssen.

Die Staaten, die der Genfer Flüchtlingskonvention von 1951 - mittlerweile sind das 149 Staaten - beigetreten sind, verpflichten sich, Menschen zu schützen, die verfolgt werden: Sei es aufgrund ihrer Rasse, Religion, Nationalität, politischen Überzeugung und/oder der Zugehörigkeit zu einer bestimmten sozialen Gruppe.

Die einzelnen Staaten wenden zur Umsetzung der „Genfer Konvention" verschiedene Regelungen an.

Asylbewerber in Deutschland werden nicht anerkannt, wenn sie über einen sogenannten „sicheren Drittstaat" eingereist sind. Dazu zählen alle Mitgliedstaaten der Europäischen Union.

Die Flüchtlinge, die auf dem Landweg eingeschleust werden, dürfen offiziell ihre Fluchtroute nicht bekannt geben, denn sonst müssten sie dort Asyl beantragen, wo sie europäischen Boden betreten haben.

Während des Kalten Krieges wurden Fluchthelfer, die DDR-Bürger in das Bundesgebiet einschleusten, gefeiert. Damals wie heute geschah das illegal. Die Fluchtbedingungen waren die gleichen, nur die Flüchtlinge waren Deutsche.

Eine Trennlinie zwischen humanitären, kommerziellen oder sogar kriminellen Fluchthilfen ist kaum zu ziehen. Denn für Flüchtlinge sind das keine Schlepper, sondern die einzigen Helfer. Fluchthilfe wird aufgrund der politisch-historisch-wirtschaftlichen Gegebenheiten des jeweiligen Staates unterschiedlich bewertet. In Deutschland ist sie nach §96 des Aufenthaltsgesetzes strafbar. Das bedeutet, dass Menschen ohne legalen Aufenthaltsstatus nicht ins Land gebracht werden dürfen.

Ein Wort zuvor
Begegnung mit ausländischen Kindern – als Lehrerin

Was ist der Unterschied zwischen Deutschland und Syrien?

Deutschland - sicher   **Syrien - unsicher**
Wetter in Deutschland - unsicher   **Wetter in Syrien - sicher**

(Amina)

Ich lese arabische Geschichten und wundere mich:

Die Hauptperson der Geschichte wird vorgestellt und verschwindet dann in einem Knäuel von Nebengeschichten. Diese räumen für viele andere Personen ausführliche Beschreibungen ein, führen ganz woanders hin, und erst am Ende findet sich der Faden wieder, der zur Hauptfigur führt.

Alles ist verwoben. Der Einzelne, selbst wenn er ein Held ist, hat nicht die alleinige Bedeutung, sondern das große Ganze, sei es die Großfamilie, der Stadtteil oder das Land sind wichtig.

Als die Gebrüder Grimm unsere Märchen aufschrieben, hatten wir schon das Individuum entdeckt, längst nicht so ausschließlich wie heute, aber immerhin: Die Hauptperson bleibt im Fokus.

Arabische Geschichten dagegen mäandern.

Zweieinhalb Jahre habe ich intensiv mit einer syrischen Familie verbracht. Und jetzt im Nachsinnen erscheint mir das Erlebte so verwoben wie eine arabische Erzählung:

Eben – meine ganz persönlichen syrischen Geschichten.

Erklärung zum Verständnis
Berichte über syrische Kriegsflüchtlinge

Nach dem Ausbruch des Bürgerkrieges in Syrien 2012 flohen Menschen aus den großen Städten wegen der Kriegshandlungen oder der Terrorgefahr. Zunächst versuchten sie im eigenen Land, dann in den direkten Nachbarländern einen sicheren Aufenthalt zu finden. Überall entstanden Flüchtlingslager.

Als das Kriegsgeschehen immer drastischer wurde, waren schließlich Millionen Syrer unterwegs. Sie drängten nach Osten in die Türkei oder gen Westen bis nach Ägypten und versuchten, von dort aus Europa zu erreichen.

Auf dem Höhepunkt dieser Welle (2015 bis 2017) lebten 500 Neuankömmlinge in unserer Gemeinde. Syrer bildeten die größte Gruppe. Viele erhielten einen Flüchtlingsstatus, manche nur subsidiären Schutz.

Die Unterbringung, Versorgung und Betreuung dieser vielen Menschen war auch in Ganderkesee eine Mammutaufgabe. Verwaltung und Behörden gelang sie nur durch die freiwillige Unterstützung zahlreicher ehrenamtlicher Helferinnen und Helfer. Auch die beiden Autorinnen gehörten zum großen Team der Ehrenamtlichen, dessen Einsatz und Engagement sehr verschieden war.

Sie lernten durch die Betreuung von Familien deren weitverzweigte Verwandtschaft kennen. Während zahlreicher Besuche erfuhren sie vom Schicksal einzelner Personen. Besonders intensiv kümmerte sich die Autorin des Berichtes um zwei schulpflichtige Mädchen.

Anders als bei den bisherigen Interview-Partnern und -Partnerinnen gelangte sie durch Erzählungen und Miterleben, manchmal auch durch Bemerkungen oder Nachfragen zu ihrem biographischen Wissen über die Familienmitglieder.

Das wird hier als Ich- Erzählerin weitergegeben.

Auf direkte Interviews zum Thema Flucht wurde verzichtet, denn die oft schlimmen Erfahrungen sind noch sehr nahe. Es ist nicht vorherzusehen, welche Folgen ein Interview auslösen kann, wenn traumatische Erlebnisse ins Bewusstsein zurückkehren.

Dieses Risiko soll nicht herausgefordert werden.

Sechs syrische Geschichten

von Maida, einem kleinen Mädchen,
7 Jahre alt, aus Yarmuk//Damaskus in Syrien

Rabia und Ramiz, ihren Eltern

Alia, der Schwester von Rabia

Dilara und ihrem Baby, einer weiteren Schwester von Rabia

Samira, der Großkusine von Maida, 8 Jahre alt, ebenfalls aus Yarmuk

Erste Geschichte

Wie Maida den syrischen Krieg erklärt – und zur Hauptperson meiner Geschichten wird

„Wumm, Bumm – Schule kaputt!"

Vor mir sitzt ein kleines Mädchen und versucht mir gestenreich und mit wenigen Worten zu erklären, wie ihre Schule in Damaskus in Schutt und Asche fiel.

Gerade eingeschult - 6 Jahre alt – erlebte sie den Beginn des syrischen Bürgerkriegs. Als ihr Vater durch Kriegshandlungen verletzt wurde, verließen die Eltern mit ihr, dem einzigen Kind, ihren Wohnort in Yarmuk//Damaskus.

Sie zogen durchs Land auf der Flucht vor Krieg und Terror, kamen bis Ägypten und landeten anderthalb Jahre später endlich in Ganderkesee.

Mit ihr, der kleinen Maida, beginnen meine syrischen Geschichten.

Im Herbst 2013 berichtete mir die Ausländerbeauftragte der Gemeinde, dass neue syrische Flüchtlinge angekommen seien, unter ihnen ein Ehepaar mit einem Mädchen im Grundschulalter mit Namen Maida. Es machte auf die Betreuerin einen solch lebhaften, aufgeweckten und zugleich ungezügelten Eindruck, dass ich mich spontan entschloss, ihr bei der Eingliederung in unser Schulleben als Patin zu helfen.

Sie wurde in die Eingangsklasse einer Ganderkeseer Grundschule eingeschult, und dort lernten wir uns kennen.

Maida war damals siebeneinhalb Jahre alt, sprach kein Wort Deutsch, aber einige Brocken Englisch, die ihre Mutter ihr auf der langen Zeit des Umherreisens beigebracht hatte.

Seitdem ihre Schule zerbombt war, hatte sie an keinem Schulunterricht mehr teilgenommen.

Wir beide suchten und fanden Brücken der Verständigung. Ich lernte, diese wenigen Worte Englisch und ihre Körpersprache zu interpretieren, sie lernte deutsche Alltagsbegriffe durch Bilder, Gegenstände, Tätigkeiten, Farben, Zahlen usw., die ich ihr zeigte. Unsere Begegnungen verliefen sehr locker und oft lustig.

In den ersten Monaten war der Unterricht in der Klasse allerdings für sie gleichzeitig langweilig und überfordernd. Sie konnte nur einfache Aufgaben erledigen, sich nicht mitteilen und vieles nicht verstehen. Aber sie hatte großes Glück, in der Schule andere arabisch sprechende Kinder zu finden, mit denen sie in der Pause spielen konnte. Niemand kann sich vorstellen, wie sie aus dem Klassenraum „schoss", um in die Pause zu gelangen.

Die Kinder der ehemals libanesischen Flüchtlinge, die hier in Ganderkesee heimisch geworden waren, konnten nun mit ihren arabischen Sprachkenntnissen Brücken bauen.

Eine der Libanesinnen war auch in der Lage Nachhilfeunterricht zu erteilen.

So passte die Schule ihre Förderprogramme der neuen Situation an - und Maida lernte schnell, so dass mein Sondereinsatz nicht mehr notwendig war.

Als ich zum letzten Mal in der Schule erschien, hatte sich Maida wegen „Unwohlseins" im Büro gemeldet, und man wartete auf ihre Mutter, die sie abholen sollte! Bei meinem Anblick – das bedeutete raus aus der Klasse in den Einzelunterricht nach Maß - ging es Maida sofort besser. Doch die Mama kam und entschied: Jetzt gehst du auch mit nach Hause!

Maida hatte ihrer Mutter von mir berichtet, aber wir sahen uns zum ersten Mal. Ich erzählte ihr, dass Maida von nun an ohne mich auskommen würde, worauf die Mutter spontan reagierte: „Now it´s my turn!" Jetzt bin ich an der Reihe!

So begleitete ich die beiden nach Hause und war von nun an ihre Ansprechpartnerin in vielen Alltagsfragen.

Zweite Geschichte

Wie ich herausfand, dass Rabia die deutsche Sprache und Ramiz den theoretischen Führerschein mittels Handy und Computer lernten und ich gleichzeitig syrisches Essen mit Genuss verzehren konnte.

Zunächst kamen Rabia und ich zusammen. Sie war eine fröhliche und lustige junge Frau, auch sehr wissbegierig. Während ihr Mann Ramiz schon einen Deutschkursus in Delmenhorst besuchte, musste Rabia sich um Maida kümmern. Morgens brachte sie das Kind zur Schule und versuchte dann zuhause selbständig übers Internet deutsche Begriffe zu lernen. Zu meiner Verblüffung fragte sie mich als erstes: Was ist eine Tanne? Sie war nämlich gerade bei dem Buchstaben B wie Bäume angelangt. Diese Art des Sprachenlernens brachte uns oft zum Lachen. Es war so jenseits vom normalen Leben! Von sich aus stellte Rabia kluge Fragen: Was bedeutet „verheiratet"? Wie spricht man „Frohe Weihnachten" aus?

Wehmütig und belustigt schaue ich manchmal meine Erklärungen und Zeichnungen zu diesen Themen in einer dicken schwarzen Kladde an.

Worüber ich mich sehr wunderte, war das „Umziehen". Innerhalb von zweieinhalb Jahren wechselte die Familie in 3 Wohnungen. Die dritte endlich hatte einen kleinen Hof, und dort pflanzte Ramiz Wein an die Südwand. Wozu? Weil er aus den Weinblättern diese wunderbaren mit Reis gefüllten Rollen zaubern konnte.

Er war ein ausgezeichneter Koch, und Rabia lernte von ihm, so dass meine (hilfreichen) Besuche häufig in einer Einladung zum Essen mündeten. Das genoss ich sehr. Die beiden servierten typisch syrische Gerichte und stets in einer Vielfalt und Menge, die für eine Festtagstafel geeignet waren.

Woher bezogen sie die Zutaten für die arabische Küche?

Ohne deutsche Sprachkenntnisse kannten sie sich in einem Netzwerk von Syrern, Libanesen und Türken aus, auf deren langjährige Erfahrungen sie in wichtigen Alltagsdingen vertrauen konnten.

Ramiz' großer Traum war jedoch nicht, in einem arabischen Restaurant zu arbeiten, sondern - wie in Syrien - einen Lkw zu fahren. Er besaß drei Führerscheine für drei arabische Länder; doch in Deutschland war sein syrischer Pkw-Führerschein nur ein halbes Jahr lang gültig. Also: Er musste eine theoretische Führerscheinprüfung ablegen und zwar auf Deutsch. Das war ein Riesenunterfangen!

Ramiz besorgte sich aus einer Fahrschule deutsche Software für die Theorie (alle Fragen werden auf Deutsch vorgelesen), dazu von Bekannten das gleiche auf Arabisch. Frau Fricke, eine weitere Ehrenamtliche, sie sei hoch gelobt, steuerte das deutsche Übungsheft bei. Und nun ging es los: Ramiz lernte auf Arabisch, ließ sich schon mal auf Deutsch die Aufgaben vorlesen. Dann kam Frau Fricke und sie besprachen mittels Übungsheft die Ergebnisse. Nach einem halben Jahr bestand Ramiz im ersten Durchlauf die theoretische Prüfung!

Für die Praxis benötigte er eine Fahrstunde! Dann war das geschafft!

Und ein feines Essen war fällig!

Anschließend wurde ein Auto angeschafft. Nun war die Familie nicht mehr zu halten. Sie besuchte Verwandte in Deutschland und war unterwegs…

Dritte Geschichte

Wie die Familie begann, sich in Ganderkesee heimisch zu fühlen

In der 3. Wohnung bekam Maida ein winzig kleines Schlafzimmer mit eigenem Bett und einem Schrank. Sie hatte jetzt keine Angst mehr, allein in einem Zimmer zu schlafen.

Allerdings wechselte sie umzugsbedingt in die 3. Grundschule.

Rabia war nicht klar, was das für ihr Kind bedeutete. Oder es erschien ihr wenig im Vergleich zu dem, was hinter ihnen lag.

Der große Vorteil: Die Schule lag nur wenige Häuser von der Wohnung entfernt.

Maida gewöhnte sich schnell daran, ihr Schulleben eigenhändig zu organisieren.

Sie wurde selbständig. Endlich hatte sie ihren Platz gefunden. Als Klassenälteste bemutterte sie die Jüngeren und fand Anerkennung. Stolz berichtete sie von Einladungen zu Geburtstagen bei deutschen Mädchen.

Auch wir sahen uns nun häufig, besonders dann, wenn meine Enkelin zu

Besuch kam. Obwohl mehrere Jahre jünger, verstand sie sich gut mit Maida!

Einmal unternahmen wir einen Ausflug zu einem Reiterhof: Rabia, Maida, meine Enkelin und ich. Die Mädchen freuten sich über alle Maßen. Dort angekommen, bewunderten wir die Pferde auf der Weide mit ihren Fohlen; und dann wurde uns ein Pony übergeben, auf dem die Mädchen abwechselnd reiten konnten. Wir beiden Frauen sollten das Pony führen – einfach ein Stück geradeaus und wieder zurück. Das gelang uns überhaupt nicht. Das Pony verließ den Hof mitsamt meiner Enkelin auf dem Rücken, entfernte sich langsam - genüsslich das Gras am Wegesrand fressend. Erst als Maida energisch, im wahrsten Sinne des Wortes die Zügel in die Hand nahm, gehorchte das Pony und ging folgsam mit ihr zurück zum Ponyhof, wo die Profis übernahmen und unsere Kinder in der Manege reiten ließen. Aufregend ja – aber ein tolles Erlebnis!

Vormittags konnte nun Rabia endlich einen offiziellen Deutschkursus besuchen. Aber nicht lange, dann wurde sie schwanger und blieb zu Hause, bis ein kleines Mädchen geboren wurde. Alle freuten sich sehr über den Zuwachs, und von nah und fern kamen Besucher. Besonders Ramiz' Schwester reiste mit großer Familie aus Bayern an. Was eine deutsche Familie als Zumutung empfunden hätte, machte Rabia glücklich. Durch Nichte und Schwägerin hatte sie Hilfe bei der Versorgung der Kinder und Ansprache in ihrer Muttersprache.

In ihr wuchs der Wunsch, mit Verwandten in der Nähe leben zu können. Leider konnten wir weder in Ganderkesee noch in Delmenhorst eine entsprechende Wohnung für die verwandte Familie finden.

Vierte Geschichte

Wie der syrische Krieg mit seinen Schrecken die Familie auch in Deutschland heimsucht

Eines Tages zeigte mir Rabia ein Foto auf ihrem Handy, das ihre Schwester Dilara gerade aus Damaskus geschickt hatte. Ein kleines Mädchen war zu sehen. Es lag auf dem Boden, von einer großen Blutlache umgeben. Dilaras Kind, 4 Jahre alt, bei einem Raketenangriff tödlich getroffen wie alle Menschen, die sich in diesem Teil des Hauses aufgehalten hatten. Dilara selbst befand sich mit ihrem Baby in einem anderen Raum, dessen Mauern zerbrachen und sie verletzten. Ein Arm war mehrfach gebrochen. Der Ehemann und Vater war zu dieser Zeit nicht anwesend. Er hatte sich bei Verwandten einquartiert. Yarmuk galt als sehr gefährlich.

Unser Entsetzen war groß.

Krankenhäuser und Ärzte gab es in Yarmuk offiziell nicht mehr. Wie konnten wir der Schwester Dilara helfen? Ihr Arm war zwar geschient worden, hätte aber operiert werden müssen.

Ich versuchte über das Deutsche Rote Kreuz Verbindungen zu bekommen. Man konnte mir nur die Auskunft geben, dass Dilara sich selbst bemühen müsse, um zu erfahren, wo im Untergrund Mediziner arbeiteten. Denn sowohl die Ärzte ohne Grenzen als auch das Deutsche Rote Kreuz schickten medizinische Hilfe bis an die syrische Grenze, aber wie und wo damit im Land gearbeitet wurde, wussten sie nicht oder gaben es aus Sicherheitsgründen nicht bekannt.

Wir hörten lange Zeit nichts von Dilara, bis nach Monaten wieder ein Foto auf Rabias Handy erschien.

Diesmal schickte es Dilaras Ehemann. Es zeigte ihn und einige andere Männer ziemlich verwahrlost auf einem Betonboden kauern.

Was war geschehen?

Er hatte sich, nachdem die gemeinsame Wohnung unbewohnbar war, bis nach Ägypten durchgeschlagen, in der Hoffnung von dort nach Europa zu gelangen. Ohne Einreisevisum wurden er und andere syrische Flüchtlinge von den ägyptischen Behörden festgenommen und in einem Lager unter erbärmlichen Bedingungen interniert. Sie sollten zurück nach Syrien. Fotos von den Lagerverhältnissen gelangten an die Öffentlichkeit bis hin zu ausländischen Botschaften. Durch deren Einspruch durften die Flüchtlinge ausreisen. Auf diese Weise kam Dilaras Mann nach Deutschland.

Er schickte Rabia das Lagerfoto, als er in Berlin in Sicherheit war und teilte mit, dass er einen Antrag auf Familienzusammenführung für seine Frau Dilara und dem jetzt fast zwei Jahre alten Baby gestellt habe.

Und so landete Dilara mit dem kleinen Mädchen 2016 in Berlin.

Hier begann dann ihr privates Drama, denn sie weigerte sich konsequent, mit ihrem Mann zusammenzuleben. Die große Enttäuschung über sein Verhalten in der Nacht, als sie ihr Kind verlor, hat Dilara nie verwunden.

Fünfte Geschichte

Wie der große Treck über die Balkanroute auch in Ganderkesee ankam

Mit der großen Welle (2015) von Flüchtlingen und Asylsuchenden, die über die Türkei nach Griechenland, dann über den Balkan nach München kamen, landete eine weitere von Rabias Schwestern hier in Ganderkesee: Alia. Begleitet wurde sie von einem achtjährigen Mädchen: Samira. Sie war die Tochter einer Kusine. Beide hatten diesen langen Flüchtlingstreck von Damaskus bis München hinter sich gebracht, eine kostspielige Reise mit hohem Risiko. Mehrfach hatten sie sich Schleppern anvertraut und deren Dienste bezahlt.

Unterwegs musste Alia ins Krankenhaus, weil ihre Füße so verletzt waren, dass sie nicht mehr laufen konnte. In Deutschland folgte das Flüchtlingslager Friedland und danach die Aufnahme in den Landkreis Oldenburg.

Und so lernte ich Alia kennen: Sie saß in Rabias Küche und badete ihre Füße. Es war ein kurzes Ausruhen, zurück im Auffanglager in Oldenburg mussten sie und Samira alle amtlichen Befragungen und Überprüfungen der Papiere hinter sich bringen.

Im August 2015 durften sie nach Ganderkesee und lebten zuerst einige Wochen im Haushalt ihrer Schwester.

Natürlich versuchten wir, für sie eine Bleibe zu finden. Das war nicht leicht und gelang nur durch persönliche Kontakte. Bei einer Bekannten in der Nähe von Ganderkesee konnten sie eine kleine Wohnung beziehen.

Alia war damals 24 Jahre alt, hatte als jüngste Tochter immer in der Familie gelebt, war in den unterschiedlichsten Jobs beschäftigt gewesen - Arbeit im Haushalt kam bei ihr nicht vor. Nun auf sich allein gestellt, musste sie nicht nur für sich, sondern auch für Samira sorgen. Zum Glück sprach sie Englisch, so dass die Vermieterin sich mit ihr unterhalten konnte und sie ins deutsche Wohnen und Leben einführte.

Das fing mit dem Wasser- und Stromverbrauch an und hörte beim Beschicken von Kühl- und Gefrierschrank noch lange nicht auf. Ein Dauerbrenner waren die Diskussionen übers Lüften und Heizen. Alia hatte es schwer, soviel Neues musste sie lernen, und die Vermieterin musste so Vieles so oft erklären. Aber heute sagt Alia oft anerkennend: „Das habe ich bei Frau Uschi gelernt."

Diese erste Zeit war hart, aber lehrreich.

Den ersten Deutschkurs verpasste sie, weil die VHS die Einladung an eine falsche Adresse schickte, der zweite wurde erst ein halbes Jahr später angeboten und erwies sich als weitere Herausforderung: Alia musste mit dem Bürgerbus von ihrem Wohnort nach Ganderkesee fahren, Fahrpläne kennen und pünktlich sein. Doch auch das lernte sie.

Sechste Geschichte

Wie Maida aus meinem Blickfeld verschwindet ...

Zur selben Zeit entschieden sich Rabia und Ramiz nach NRW umzuziehen. Dort hatte Ramiz' Schwester mit ihrer großen Familie endlich eine passsende Wohnung gefunden. Während einiger Besuche stellten sie fest, dass es am Rande des Ruhrgebietes, ganz anders als in Ganderkesee, leerstehende Wohnungen gab. Sie mieteten kurz entschlossen eine Dachgeschosswohnung in der großen Hoffnung, dass Rabia mehr Unterstützung mit dem Baby habe.

Was sie nicht bedachten war ein weiterer Schulwechsel für ihre Tochter mitten im Schuljahr und dann noch in ein anderes Bundesland. Maida feierte ihren Geburtstag im Februar als Abschiedsfest für ihre hiesigen Schulfreundinnen und erlebte so viel Sympathie und Freundschaft, dass jegliche Motivation sank, wieder umzuziehen.

Der Start in der neuen Klasse gestaltete sich zum Desaster. Ein Aufmerksamkeitsdefizitsyndrom verschlimmerte sich derart, dass die neue Lehrerin nur meinte: „Mit Maida stimmt was nicht". Das entsprach der Wirklichkeit! Sie schickte Maida in ein pädagogisch-therapeutisches Zentrum, in dem man ihre Situation verstand und helfend eingreifen konnte. Heute ist Maida ein lebenslustiger Teenager, äußerlich und im sozialen Bereich reifer als ihre Mitschülerinnen. Doch die schulischen Leistungen entsprechen nicht den Erwartungen.

Waren es zu viele Brüche in ihrem Schulleben?

...und Samira ihre Stelle einnimmt

Samira, wie leid tat sie uns, so schüchtern, so dünn und verängstigt kam sie hier an. Ihre Stimme war kaum zu vernehmen. Eigentlich sprach sie überhaupt nicht vor Fremden. Lange Zeit wachte sie nachts auf, hatte Angst und wollte nicht mehr allein in einem Bett schlafen.

Was war geschehen, das sie so beeinträchtigt hatte?

Wieder ist der syrische Krieg allgegenwärtig.

Samira hatte als kleines Mädchen einen Raketenbeschuss erlebt, bei dem ihr Vater getötet wurde. Damals reagierte sie mit „Verstummen". Wie ihre Kusine wusste, sprach sie ein Jahr lang fast kein Wort. Später ging sie normal zur Schule, aber in jeder ungewöhnlichen oder anstrengenden Situation versagt ihre Stimme bis heute.

In Ganderkesee angekommen, lebten sie einige Tage in unserem Haus.

Als Samira es betrat, sagte sie voller Begeisterung: "Mein Haus!"

(Sie hatte im Lager am Deutschunterricht teilgenommen.)

Allmählich lernte sie uns kennen. Ihr Vertrauen wuchs, und tatsächlich konnte sie bald mit uns reden.

Einmal, als sie uns besuchte, zeigte sie mir an der Kindertafel, wie man unsere Namen und das Alphabet auf Arabisch schreibt. Denn Samira war mehrere Jahre zur Schule gegangen und scheinbar eine gute und fleißige Schülerin gewesen. Was immer ich tat, sie schaute gespannt zu und ließ es sich erklären. Wir kochten zusammen, und dabei erzählte sie von ihrem Vater. Dass er die Gemüsewaren für einen Händler in den Basar gefahren habe und oft Gemüse und Obst mit nach Hause gebracht hatte. Ihre Mutter habe das dann für sie und ihre beiden Geschwister zubereitet. Sie versuchte, mir zu schildern, wie herrlich das schmeckte.

Sie spielte unbekümmert mit unserer Enkelin: Rollenspiel Schule! Samira saß an meinem großen Schreibtisch: Die Lehrerin! Sie kopierte sehr genau die schulischen Vorgänge: Aufschreiben, korrigieren, benoten, Eltern bestellen. Gemeinsam hatten wir diese Aktivitäten oft besprochen, und sie hatte sie verinnerlicht. Schule war ihr Alltag geworden. Auch als sie mit Alia aus dem Umland nach Ganderkesee in eine Wohngemeinschaft zog – drei Frauen, zwei Kinder – verkraftete sie den Schulwechsel gut.

Alia besuchte Ganztageskurse und Samira Schule und Hort. So lernte sie deutsches Essen und Freizeitaktivitäten ohne Bildschirme kennen. Schularbeiten waren kein Problem mehr. Und eigentlich waren alle zufrieden.

Nur Samiras Mutter

ARABISCHE MÄDCHEN IN GANDERKESEE

in Damaskus war es nicht. Sie wollte unbedingt, dass ihre Tochter zu einer verwandten Familie nach Erfurt wechselte.

Schweren Herzens wurde diesem Wunsch stattgegeben. Alia und ich übergaben Samira der Tante. Und nun lebt sie dort in einer vollständigen Familie, hat eine liebevolle ehrenamtliche Betreuerin, sich wieder mal in eine neue Schule eingelebt - bis zur nächsten Veränderung.

Aus dieser großen Familie und den vielen Kontakten blieb allein Alia in Ganderkesee. Sie wohnt mittlerweile in einer eigenen Wohnung, ihr Leben hat sich grundlegend verändert.

Das ist eine weitere syrische Geschichte wert.

Nachdenken

Ich bleibe zurück am Ort - mit dem arabischen Wörterbuch, den Erzählungen von Rafik Schami, mit neuen Kochrezepten und den sehr persönlichen Erfahrungen über Flucht und Integration.

Dank der modernen Kommunikationsmittel bin ich mit allen Personen in lockerem Kontakt. Ich erfahre ihre Neuigkeiten, aber ich erlebe sie nicht mehr.

Andere Syrer sind hier geblieben.

Ein syrischer Laden wurde eröffnet, manche haben geheiratet, Kinder werden geboren, einige machen eine Ausbildung. Alle sind in richtigen Wohnungen untergebracht, und irgendwie ist das Leben mit ihnen zum Alltag geworden. Auf der Straße grüßen mich syrische Frauen und strahlen mich an. Syrische Grundschulkinder winken mir zu. Sie haben am jährlichen Sprachcamp teilgenommen, das ich begleite.

Ja, sie sind uns nahe gekommen. Wir sind sensibel geworden für ihre Kultur, für die Menschen, die hier sind. – Der Krieg in ihrer Heimat bleibt uns merkwürdig fern und ist verbannt aus unserem Denken.

Das überlassen wir der „hohen Politik". Wie könnte sich das ändern?

Nachwort

Der gemeinsame Lebensbezug der vorgestellten Menschen ist Ganderkesee. Ein Ort, wie es viele andere in diesem Land gibt. Und wie überall leben auch in Ganderkesee Mitmenschen, die selbst oder deren Familien irgendwann in den letzten Jahrzehnten neu hinzugekommen sind. Menschen, deren Lebenswege nicht geradlinig verliefen. Sie sind aus ihren angestammten Orten weggezogen, weil die Fremde „attraktiver" schien, oder sie wurden gezwungen, ihre Heimat zu verlassen, weil das Schicksal es so wollte. Sie wagten den hoffnungsvollen Aufbruch, um eine neue Zukunft zu gewinnen und haben diese – oft als eine Art Familienprojekt und generationsübergreifend - in Ganderkesee gefunden. Manchmal nur vorübergehend, weil ihr Leben in Bewegung blieb.

Deshalb ist diese empfehlenswerte Veröffentlichung gleichzeitig ein Beitrag zur Geschichte des Ortes Ganderkesee. Denn ein Gemeinwesen wird erst dadurch lebendig und gewinnt Zukunft, wenn die dort lebenden Menschen sich aktiv einbringen und sich für Andere engagieren. Dies war und ist in Ganderkesee der Fall und spiegelt sich in allen Teilen dieser Publikation wider. Sie macht auch deutlich, dass die „Neu-Dazugekommenen" in Ganderkesee menschliche Anerkennung gefunden und als akzeptierte Nachbarn zum Wohl und Wandel des Ortes Ganderkesee beigetragen haben. Eine kulturelle und ökonomische Leistung und Bereicherung, an die dieses kleine Buch durch zeitgeschichtliche Erinnerungen aufmerksam macht.

Den Menschen zugewandtes Engagement von Bürgerinnen und Bürgern in Ganderkesee durfte ich selbst beruflich als Mitarbeiter der Migrations- und Integrationssozialarbeit der Diakonie über viele Jahre erfahren und persönlich miterleben. Es hat mich beeindruckt, wie selbstverständlich die in Ganderkesee bürgerlich Aktiven sich für andere Menschen eingesetzt haben, ihnen so hoffnungsvolle Lebensperspektiven ermöglichten und insgesamt nachhaltig zu einem guten und vielfältigen Zusammenleben vor Ort beitrugen. In diesen Bezügen habe ich auch die beiden Autorinnen Astrid Fuchs und Dragica Smiljanić kennen und wertschätzen gelernt. Ihrer Bitte bin ich deshalb gerne nachgekommen, für diese mutmachende Veröffentlichung das Vor- und Nachwort zu schreiben.

(Theo Lampe)

Dank an die Gesprächspartner und Gesprächspartnerinnen

Es kann nicht hoch genug wertgeschätzt werden, dass die interviewten Partnerinnen und Partner bereit waren, von Vergangenem zu erzählen, von den Herausforderungen ihres Lebens zu berichten und somit Einblicke in ihre Gefühls- und Erfahrungswelten zu geben. Mussten sie doch in den Interviews Worte finden für ihre Gedanken und Erinnerungen, für ihre Verluste und Probleme, für ihre Zweifel und Ängste, für ihre Hoffnungen, ihren Wagemut und ihrem Vermögen, all das als Chance zu nutzen. Sie mussten ihre tiefen und manchmal auch verschütteten Emotionen sortieren und ihnen auch noch sprachlich Ausdruck verleihen. Für ihre Bereitschaft, die durchaus sehr persönlichen Gespräche zu veröffentlichen, gilt ihnen deshalb ein großer Dank. Geben sie doch durch ihre Zustimmung den Lesern die Möglichkeit, in ihre Lebensschilderungen „einzutauchen" und sie emotional nachzuempfinden. Zugleich sind es Alltagserzählungen, die gegensätzlich zu einem „normalen" Leben in Sicherheit und Beständigkeit stehen. Für viele Leserinnen und Leser sicherlich eine wertvolle Erweiterung des eigenen Lebenshorizonts!

(Theo Lampe)

Diese Ausführungen möchten wir als Autorinnen aus vollem Herzen bekräftigen und noch ein besonderes Dankeschön hinzufügen:

Für Anne, die aus Texten „schöne Texte" schafft!
Für Barbara, die nicht aufhört, uns zu motivieren!
Für Sonja, die gleichzeitig hören und schreiben kann!

Astrid Fuchs und Dragica Smiljanić

Flüchtlinge und Vertriebene 1945/46

Der Spiegel/Wissen: Die Nachkriegszeit 1945- 1949,
Als Deutschland sich neu erfand, Geschichte 1, 2018

Grundmann, H.: Die Gemeinde Ganderkesee
in alten Bildern,
Verlag Gronenberg, Gummersbach1983

Grundmann, H.: Geschichten aus der Geschichte
der Gemeinde Ganderkesee,
Verlag Siegfried Riek, Delmenhorst 1987

Lüdeke, W./Speckmann, H., Hrsg.: Ganderkesee in
der Kriegszeit,
Eigenverlag, Ganderkesee 2017

Meyer-Leg Maida, I.: Die Kraft der Kriegsenkel,
Europa Verlag, Berlin 2016

*Strom der syrisch-orthodoxen Asylbewerber in
Gronau und Brüssel:*
Sozialmagazin S.1/Spalte 26// F.A.Z. vom 15.01.1983

Warning, B.: Kindheit in Trümmern,
Ravensburger Buchverlag, Ravensburg,2015

Aussiedler deutscher Volkszugehörigkeit 1954

Seewann, G.: Donauschwaben,
Deutsches Kulturforum 10/ 2018

Gastarbeiter 1970

Goddar, J., Hunecke, D. (Hrsg.): Auf Zeit. Für immer.
Zuwanderer aus der Türkei erinnern sich.
Bundeszentrale für politische Bildung, Bonn 2011

Riewe, H.: Mittendrin...und doch am Rand.
Ausländische MitbürgerInnen erzählen.
Evangelische Familien-Bildungsstätte,
Delmenhorst 2008

Aramäer in Ganderkesee 1980

Anschütz, H.: Siedlungsgebiete der Christen
im Tur Abdin, Bd 34
Augustinus Verlag, Würzburg 1984

Hollerwege, H.: Lebendiges Kulturerbe TURABDIN,
ICO, Linz 1999
Einweihung des Gemeindezentrums der
Syrisch-Orthodoxen-Kirche e.V.
Ganderkesee, † Jakob von Nisibin 7.Oktober 2005

Prof. Dr. Keil, A.: www. Störungen im Lebensfluss.
de/Portal, ** Wie wir wurden, was wir sind.

Spätaussiedler deutscher Volkszugehörigkeit 1990

Hoerder, D.: Geschichte der deutschen Migration,
Verlag C.H.Beck,München 2010

Nohl, A. M.: Konzepte interkultureller Pädagogik,
Kempten 2010

Leitstelle für Integration, (hrsg.): In Deutschland
angekommen, in der Region zu Hause.
Porträts russischsprachiger Migrantinnen und
Migranten, Hannover

*Betrifft/ Zeitschrift, Niedersächsisches Sozialminis-
terium (hrsg.), Heft 5/1996*
Landsmannschaft der Deutschen aus Russland e. V.
Stuttgart

Asylbewerber 2000

Bundesgesetz zum Asyl
Letzte Neufassung vom 26. Juni 1992
(BGBI IS. 1126)
Inkrafttreten der Neufassung am: 1. Juli 1992
Letzte Änderung durch: Art. 48 G vom
20. November 2019
(BGBI IS.1626 und 1656)
Inkrafttreten der letzten Änderung:
26. November 2019
durch: Art. 155 G vom 20. November 2019

Arabische Geschichten 2000

Achmad, A.: Und die Vögel werden singen,
S. Fischer Verlag,
Frankfurt a. M. 2018, 4. Aufl.

Jäkel, L.: Syrien, ein Land ohne Krieg,
Piper Verlag GmbH, München 2017

Schami, R.: Erzähler der Nacht,
Beltz u. Gelberg, Weinheim/Basel 2011

**Hahn, U.:* Wir werden erwartet,
Roman, Penguin Verlag 2017, S. 34
Ohne zu wissen, was ein Mensch erlebt hat und
erlitten, bleibt er Schablone,
die wir mit unseren Vorstellungen ausmalen.